Ronald Schweppe

Aljoscha Long

AFFEN IM KOPF

Bibliografische Information der Deutschen Nationalbibliothek
Die Deutsche Nationalbibliothek verzeichnet diese Publikation in der Deutschen Nationalbibliografie. Detaillierte bibliografische Daten sind im Internet über https://dnb.de abrufbar.

Für Fragen und Anregungen:
info@m-vg.de

Originalausgabe
5. Auflage 2025

Türkenstraße 89
80799 München
Tel.: 089 651285-0

Redaktion: Diane Zilliges
Umschlaggestaltung: Maria Verdorfer
Umschlagabbildungen: shutterstock.com/prapann
Illustrationen: Wolfgang Pfau | www.pfau-design.de
Satz: Christiane Schuster | www.kapazunder.de
Druck: Florjancic Tisk d.o.o., Slowenien
Printed in the EU

ISBN Print 978-3-7474-0183-5
ISBN E-Book (EPUB, Mobi) 978-3-96121-549-2

Wir produzieren nachhaltig
www.m-vg.de

Ronald Schweppe

Aljoscha Long

AFFEN IM KOPF

Mentale Gelassenheitsstrategien für einen ruhigen Geist

mvgverlag

Inhalt

»Gott hat den Menschen erschaffen, weil er vom Affen enttäuscht war. Danach hat er auf weitere Experimente verzichtet.«

Mark Twain

Willkommen im Affenzirkus

Buddhisten sprechen gern vom »Affengeist«, wenn sie das wirre, unzufrieden machende, unangenehm lästige Gewusel im Kopf meinen, das uns davon abhält, inneren Frieden zu finden, und unseren Geist dazu bringt, sich in allem möglichen Quatsch zu verzetteln. »Affengeist« trifft es ziemlich gut, denn die wilde Bande in unserem Kopf, die unzähligen Gedanken und Gefühle, die uns rund um die Uhr auf Trab halten und ständig aus der Ruhe bringen – das alles erinnert wirklich an herumtobende Affen.

Tatsächlich geht es in unserem Kopf oft zu wie in einer verrückt gewordenen Affenhorde. Wahrscheinlich kennst du das ja selbst gut: Dir gehen Gedanken an die Vergangenheit, Träume über die Zukunft, Sorgen, Selbstzweifel, Bilder und Erinnerungen durch den Kopf, du ärgerst dich oder hast Angst vor einer Prüfung, die Steuererklärung muss endlich gemacht werden und es fällt dir einfach wahnsinnig schwer, mal wirklich abzuschalten. Dann wirst du nervös und unruhig, zerstreut und vielleicht auch wütend, auf jeden Fall aber ineffektiv und unzufrieden mit dir und der Welt. Vielleicht hast du das Gefühl, du könntest eigentlich viel mehr erreichen: Was wäre dir nicht alles möglich, wenn du deine Energie gezielt einsetzen könntest – wenn du nur mal deine Gedanken endlich zusammenhalten könntest und ein wenig mehr innere Ruhe hättest ...

Das kennt wohl jeder von uns – eine Handvoll Erleuchtete mal ausgenommen. Und jeder, dem die Affen im Kopf die Nerven oder die gute Laune rauben, versucht auf irgendeine Weise, Ruhe in seine Gedanken und Gefühle zu bringen. Oder er würde es zumindest gern versuchen, wenn er nur wüsste, wie er das anstellen soll.

Du hast es vielleicht schon mit Willenskraft probiert und festgestellt, dass das nicht allzu viel bringt. Zwar kann deine Willenskraft, wenn du dich sehr anstrengst, erst einmal für etwas mehr Ruhe sorgen. Doch das ist mühsam und hält nicht lang vor. Womöglich bist du auch auf die Idee gekommen, es einmal mit Entspannungsübungen zu versuchen; immerhin ist es ja naheliegend, dass wir den Kopf frei bekommen, wenn wir erst gelernt haben, uns zu entspannen. Doch dann hast du wahrscheinlich auch schnell gemerkt, dass der Lärm im Kopf erst einmal stärker wird, wenn du äußerlich ruhig bist, und dass die erhoffte Entspannung und Leichtigkeit dabei oft ausbleibt. Tja – wenn Entspannen auf Knopfdruck gelänge, dann wäre wohl jeder von uns total entspannt, ruhig und gelassen.

Selbst dann, wenn wir es tatsächlich mal schaffen, uns eine Pause zu gönnen und uns auszuruhen, beispielsweise im Urlaub oder am Wochenende, geben die Affen in unserem Kopf keine Ruhe. Im Gegenteil: Sie sind wie Rebellen im Untergrund. Sie schlafen nie, sind nie untätig, sondern bereiten ihren nächsten Angriff vor oder verstecken sich hinter anderen Problemen, wie Krankheiten. Es ist tatsächlich gar nicht so selten, dass wir krank werden, aber der Arzt nichts finden kann. Auch der zweite Arzt, den man dann aufsucht, findet nichts. Und schon wieder kann man sich ärgern: Dieser Kurpfuscher hat doch keine Ahnung!

Es ist aber kein Wunder, dass Ärzte oft nur ratlos mit den Schultern zucken können: Denn es sind manchmal eben nicht Bakterien oder Viren, sondern die unterdrückten »Affen im Kopf«, die unser Immunsystem schwächen, Schmerzen verursachen oder durch Verspannungen den Körper ins Ungleichgewicht bringen.

Und das Fiese ist: Gerade dann, wenn wir inneren Frieden am dringendsten bräuchten, springen Sorgen, Ängste, Ärgernisse, Zweifel oder Zukunftspläne durch unseren Geist, wie … tja, eben wie eine wild gewordene Affenbande.

Im ersten Teil unseres Buches werden wir uns einmal genau ansehen, welche geistigen Affenarten es gibt, was sie treiben und welche besonders lästig sind. Selbsterkenntnis ist ja bekanntlich der erste Schritt zur Besserung – und Affenerkenntnis der erste Schritt zu innerer Freiheit und einem Leben ohne Stress. Wenn du erkennst, wie dein Geist funktioniert, verstehst du auch, wie es ihm immer wieder gelingt, dich aus der Ruhe zu bringen und Probleme zu erzeugen, die nichts mit der Wirklichkeit zu tun haben. Und dann, wenn du all das erkannt hast, wird es leichter, für Ruhe im Kopf zu sorgen, effektiver zu sein und ein erfülltes Leben zu haben. Mit unserem »Affentest« kannst du herausfinden, welche Affen in deinem Kopf den meisten Unsinn veranstalten.

Herr K. ist ein Mensch wie du und ich. Nicht genau derselbe, versteht sich, aber doch recht ähnlich. Allerdings geht es ihm nicht wirklich gut. Er würde gern etwas Bedeutendes tun, wenn er nur wüsste, was, und wenn er sich traute. Ach was! Er wäre schon zufrieden, wenn er sich nicht ständig Sorgen machen würde, wenn ihm nicht die Gedanken an vergangene Missgeschicke und zukünftige mögliche (oder wahrscheinliche?) Unglücksfälle den Schlaf raubten. Er ärgert sich über die Politik, das Fernsehen und seine Nachbarn. Auch wenn er sich nicht ärgern will, ertappt er sich immer wieder dabei, wie er sich Gespräche ausmalt, in denen er seinem Chef, seinem Nachbarn und seiner Schwiegermutter mal so richtig die Meinung sagt. Wenn er sich wenigstens richtig konzentrieren könnte und nicht dauernd an sich selbst zweifelte! Er sagt oft, dass er gar nicht mehr wüsste, wo ihm der Kopf stünde. Metaphorisch natürlich, denn der Kopf befindet sich genau dort, wo er sollte.

Jedenfalls wurde es Herrn K. irgendwann im September zu dumm und er ging zu einem berühmten Arzt. Der sah sich Herrn K. an, hörte Herz und Lungen ab, räusperte sich und sprach: »Nun, da werde ich Ihnen eine gute Pille verschreiben. Die nehmen Sie dreimal täglich, und im Nu werden Sie Ihre Probleme, Ihre Lebensfreude und Ihre Gesundheit los.«

Herr K. bedankte sich freundlich, doch er dachte, dass er seine Lebensfreude, falls er denn jemals auf sie treffen sollte, eigentlich lieber nicht loswürde. Also ging er zu einem Astrologen, einem Analytiker und einem Wunderheiler. Auch das half nichts, und Herr K. war immer noch nervös und unkonzentriert und unzufrieden mit sich selbst und der Welt.

Müde hielt er bei einem Café inne und ging auf den einzigen Tisch mit einem freien Platz zu, den Tisch in der hintersten Ecke, an dem ein Herr mit einem freundlichen Gesicht saß und in einem Buch blätterte.

»Darf ich mich zu Ihnen setzen?«, fragte er höflichkeitshalber. Der Herr am Tisch blickte auf, lächelte und nickte. Herr K. setzte sich. Sein Tischnachbar sah ihn mit seinen freundlichen Augen an und sprach: »Gestatten, mein Name ist Dr. Rabe. Ich will mich ja keinesfalls aufdrängen – nur habe ich das Gefühl, Ihnen geht es gerade nicht so gut. Vielleicht kann ich helfen.«

Herr K. wunderte sich etwas, doch da er ja nun schon Erfahrung darin hatte, sein Leiden zu schildern, dachte er, dass es auf einmal mehr auch nicht mehr ankomme. Dr. Rabe hörte aufmerksam zu, bis Herr K. mit den Worten endete: »Ich wünschte, es wäre ein wenig mehr Ruhe in meinem Kopf.«

Dr. Rabe sah ihn eine Weile mitfühlend und nachdenklich an. »Vielleicht sollten wir einmal nachsehen, was in Ihrem Kopf los ist.«

Herr K. dachte kurz an einen Gehirnchirurgen, doch da lächelte ihn Dr. Rabe an, als ob er seine Gedanken gelesen hätte. »Keine Sorge – dazu müssen wir Ihren Kopf nicht aufmachen. Sie müssen nur selbst einmal nach innen blicken.«

Herr K. versuchte es und verdrehte die Augen. »Geht nicht«, sagte er.

Dr. Rabe lächelte. »Kommen Sie«, sagte er. »Ich helfe Ihnen. Sehen Sie mal auf meinen Finger …«

Herr K. sah auf den Finger, und die Stimme seines neuen Bekannten klang so freundlich, angenehm und vertrauenseinflößend, dass ihm die Augen zufielen … und er sich mit einem Mal im Inneren seines Kopfes befand.

Genauer gesagt: Er saß in einer Hütte in der Mitte eines kleinen Dorfes, durch das ein Haufen Affen tobte. Und auch Herr K. war ein Affe. Vor ihm saß ein weißer Rabe, der ihn mit klugen und freundlichen Augen ansah. Der Rabe öffnete den Schnabel und sprach: »Dafür, dass Sie der Häuptling der Affenhorde sind, haben diese Affen ziemlich viel Macht über Sie.«

Die Affenhorde mag noch so wild herumtoben – doch mach dir klar: Den lästigen, nervenaufreibenden Aktivitäten in deinem Kopf bist du nicht ausgeliefert. Du lässt dich von ihnen quälen, und dadurch haben sie Macht über dich. Doch du bist nicht das Opfer, sondern der Boss, auch wenn du dich vielleicht oft nicht gerade wie der Chef im Haus fühlst. Sorgen, Ärger, Wut und Ängste lassen sich einfach nicht so ohne Weiteres abschalten. Auch wenn du es dir noch so sehr wünschst, dass die Affen in deinem Kopf schweigen: Lange wird die Ruhe nie währen, bis der Affenzirkus wieder losgeht. Oder noch schlimmer: Die Quälgeister verstecken sich und treiben ihren Unsinn im Geheimen, in deinem Unterbewusstsein – das merkst du dann zum Beispiel daran, dass du dich müde, erschöpft, nervös, wütend oder traurig fühlst oder dass du krank wirst.

Und trotzdem: Du bist und bleibst ganz offiziell der Affenbändiger. Es bringt dir nie etwas, dich in die Opferrolle zu begeben und zu glauben, du wärest den Ereignissen hilflos ausgeliefert.

Erst recht nicht, wenn es um deine Gedanken und Gefühle geht. Auch die unangenehmsten Gefühle und die lästigsten Gedankenkarusselle sind ja ein Teil von dir.

Du bist es, der deine Gedanken denkt und deine Gefühle fühlt!

Klingt das jetzt stressig? Das könnte zumindest sein, wenn du daraus folgerst: »Oje – ich selbst bin also schuld! Schon wieder was falsch gemacht …« Vergiss das mit der »Schuld«. Schuldgefühle gehören auch zu diesen Affen im Kopf. Du bist nicht »schuld«, dass die Dinge sind, wie sie sind. Wer sollte dich auch schuldig sprechen? Das kannst du höchstens selbst tun. Solltest du aber lieber bleiben lassen.

Klar: Verantwortung zu übernehmen ist wichtig. Aber nicht, um deinen Sorgen und Problemen eine weitere Last hinzuzufügen. Im Gegenteil. Dass du die Verantwortung hast, bedeutet vielmehr, dass letztlich nur du die Möglichkeit hast, etwas zu ändern. Du bist der Boss. Der König der Affen. Nur du kannst den Laden wieder zum Laufen bringen.

Das geht nicht mit Gewalt. Es ist ja nicht so wie in einer Firma: Wenn dort die Angestellten unverschämt, aufsässig und geschäftsschädigend sind, kannst du ihnen einfach kündigen – oder die Firma verkaufen und Gott einen guten Mann sein lassen. Bei der Firma in deinem Kopf, die von den Affen scheinbar sabotiert wird, klappt das jedoch nicht. Denn jetzt kommt's: Du bist nicht nur der Boss, sondern du bist auch all die affigen Angestellten! Alles in dieser inneren Firma ist ein Teil von dir! Das alles bist du!

Erschreckt dich das? Oder ist es dir ohnehin schon klar? Wie auch immer, es ergeben sich daraus zwei wichtige Konsequenzen:

- Erstens bedeutet es, dass du gar nicht anders kannst, als die Verantwortung zu übernehmen.

Zweitens heißt es, dass der »Kampf gegen die innere Affenbande« völliger Blödsinn ist – denn die Affen (wie auch der angebliche »innere Schweinehund«) sind ein Teil von dir. Wenn du gegen sie kämpfst, kämpfst du gegen dich selbst. Und das heißt, dass du auf jeden Fall verlieren wirst, wann immer du dich auf einen Kampf einlässt.

Die gute Nachricht lautet nun, dass sich dein Leben sehr schnell verändern wird, wenn du ein einfaches Geheimnis entdeckst: Da alle diese »Affen im Kopf« ein Teil von dir sind, haben alle letztendlich eine gute Absicht, auch wenn die Mittel, die sie einsetzen, oft nicht gerade effektiv und manchmal sogar schädlich sind. Darüber werden wir später noch ausführlich sprechen, weil es sehr, sehr wichtig ist und weil darin der Schlüssel zur Lösung (fast) all deiner Probleme liegt.

Und noch eine gute Nachricht: Du musst überhaupt nicht kämpfen. Überhaupt musst du nichts Anstrengendes oder Zusätzliches machen – im Gegenteil. Du musst nur lernen, mit dir selbst richtig umzugehen und loszulassen.

Das ist schnell gesagt, und natürlich wissen wir nur zu gut, dass es nicht so einfach umzusetzen ist. Obwohl: Genau genommen ist es sogar richtig einfach – aber das Einfache ist eben oft schwer. Wie Picasso einmal sagte: »Als ich ein Kind war, konnte ich malen wie Raffael. Doch ich habe ein Leben gebraucht, um zu malen wie ein Kind.«

Um die Affen in deinem Kopf zu bändigen, wirst du nicht dein ganzes Leben brauchen. Keine Sorge – das geht viel schneller. Von selbst wird es aber leider auch nicht geschehen. Und ausnahmsweise ist dabei dein Wille wichtig: Du musst dich *entscheiden*, etwas zu verändern, wenn du eine Veränderung beginnen willst. Der erste Schritt erfordert also etwas Energie, die restlichen Schritte ergeben sich dann wie von selbst.

Kämpfe nicht gegen dich selbst – entscheide dich für Veränderung!

Herr K. dachte nach. Ja, die Affen hatten in der Tat zu viel Macht. Sie tobten durchs Dorf und gaben einfach keine Ruhe. Dabei hatte der Rabe ja gesagt, dass er, Herr K., der Häuptling sei. Und Herr K. spürte, dass das stimmte. Also würde er jetzt für Ruhe sorgen! Entschlossen stand er auf, öffnete die Tür und brüllte: »Ruhe da draußen!«

Tatsächlich hielten die tobenden Affen für einen Moment inne. Manche liefen sogar weg. Andere sahen betreten zu Boden, viele grinsten unverschämt und einige streckten ihm die Zunge heraus und lachten. Aber immerhin: Jetzt war es schon deutlich ruhiger.

Kaum hatte Herr K. jedoch die Tür hinter sich zugemacht, ging das Gejohle und Getobe erneut los. Herr K. sah den Raben hilflos an. Der schüttelte nur den Kopf. »So wird das nichts.«

»Ja, das merke ich auch. Aber was soll ich denn nur tun?« Herr K. klang wirklich verzweifelt.

Der Rabe legte den Kopf schief. »Nun, ich frage mich, ob Sie Ihre Affenhorde überhaupt kennen.«

»Wie – kennen?« Herr K. schüttelte den Kopf.

»Ich habe den Eindruck, dass Ihre Affen zwar alle außer Rand und Band sind, aber dass sie doch sehr unterschiedlich sind.«

Herr K. blickte lange aus dem Fenster. Schließlich nickte er und sagte: »Ja, stimmt. Sie sind nicht alle gleich und nerven mich ganz unterschiedlich.« Er sah den Raben direkt an. »Aber das ist mir doch egal! Ich will nur, dass sie endlich Ruhe geben.«

»Es scheint nicht sehr viel zu helfen, dass Sie das wollen.«

Herr K. senkte betrübt den Kopf. »Ja, leider. Haben Sie denn eine bessere Idee?«

Der Rabe schien zu lächeln. »Ich meine, es wäre ganz gut, die Affen mal näher kennenzulernen …«

Die Affen beim Namen nennen

Man sollte ja meinen, dass man selbst doch wohl genau weiß, was im eigenen Kopf so alles vor sich geht. Sicher weißt du, was du denkst, oder? Man guckt einfach hin und erkennt, was im eigenen Geist passiert. Zumindest sollte man das besser können als irgendjemand anderes. Schließlich kannst nur du wirklich fühlen, was du fühlst, und denken, was du denkst. Kein Psychologe, kein Forscher mit EEG und CT, kein Guru kennt dein Inneres besser als du. Und wenn man dir etwas anderes einreden will, solltest du sehr vorsichtig sein.

Trotzdem ist es aber manchmal gar nicht so einfach, sich seine eigenen inneren Vorgänge bewusst zu machen und klar zu erkennen. Dabei können andere uns mitunter durchaus behilflich sein. Ein Optiker muss nicht sehen, was du siehst, dafür kann er blind wie ein Maulwurf sein – und trotzdem kann er dir vielleicht eine Brille machen, mit der du klarer siehst. Das eigene Innere klar zu sehen ist ziemlich schwierig: In deinem Kopf läuft ja kein Kinofilm ab, den du ganz objektiv betrachten kannst. Es ist eher eine ziemlich wilde und verrückte Theatertruppe, die die Szenen im Kopf spielt. Du bist kein Filmprojektor, sondern eher ein Regisseur. Das ist einerseits dein Glück – aber es verhindert eben auch, dass du »objektiv« hinsehen oder Gedanken und Gefühle ganz genau wiederholen kannst.

Oft merken wir nur, dass wir unruhig, ängstlich oder wütend sind, aber so ganz klar ist uns meist nicht, was da eigentlich vor sich geht. Erstaunlicherweise ist es aber gar nicht so paradox, dass wir selbst nicht wissen, was wir eigentlich denken und fühlen: Es ist ein wenig so, als ob du eine Münze, die in der Sofaritze steckt, herausholen wolltest. Du weißt, wo die Münze ist, vielleicht siehst du sie sogar – aber es ist schwierig, da du die Ritze erweiterst, indem du versuchst, die Münze zu packen. Und die Münze rutscht immer tiefer.

Ganz ähnlich ist das mit den Abläufen in unserem Geist: Wenn wir genau hinsehen wollen, verändert dieses genaue Hinsehen das, was wir anschauen wollen, und es wird immer schwieriger, es zu »packen«.

Aber ebenso, wie es durchaus gelingen kann, die Münze schließlich aus der Sofaritze zu befreien, ist es auch möglich, unseren Gedankenmustern auf die Spur zu kommen. In beiden Fällen sind wir umso erfolgreicher, je vorsichtiger und systematischer wir vorgehen.

Am besten sehen wir uns erst einmal ganz ruhig an, welche Arten von lästigen Gedanken, welche »Affen im Kopf« es überhaupt gibt. Im Folgenden werden wir also über die Grundlagen der »Affologie« sprechen. Dabei wirst du vielleicht einiges wiedererkennen und es wird dir klarer, welche »Affen« in deinem Kopf herumtoben.

Sprach der Rabe: »Lerne deine Affen kennen, und du lernst dich selbst kennen. Lerne dich selbst kennen, und du bist auf deinem Weg!«

Die Affen der Angst

Ängste sind sehr verbreitet. Es gibt eigentlich niemanden, der überhaupt keine Angst hat. Wovor hast du Angst? Du musst keine Angst davor haben, zuzugeben, dass du vor manchen Dingen Angst hast. Nur wenn du Angst hast, kannst du nämlich auch mutig sein. Menschen, die keine Angst kennen, nennt man Psychopathen.

Es ist also an sich sehr gut, dass es das Warnsignal Angst gibt. Ängste sind etwas völlig Natürliches. Wir brauchen ein bisschen Angst, um zu überleben. Wer keine Angst hat, ist schnell tot. Angst ist ein Warnsignal, das uns vor Gefahren schützt. Stell dir vor, du seist ein Steinzeitmensch, der keine Angst vor Säbelzahntigern, Höhlenbären oder Schlangen hätte. Dann käme ein Tiger um die Ecke und du würdest nur denken: »Ach, das ist aber ein ganz schön großes Kätzchen!«

Der Tiger indes denkt gar nichts. Außer vielleicht: »Hmm, lecker.« Und das war's dann. Du hättest keine Nachkommen und deine Furchtlosigkeit wird sich nicht weitervererben. Ganz im Gegensatz zu deinen Höhlenkollegen, die schon, als es nur verdächtig im Gebüsch raschelte, Reißaus nahmen. Die vergnügten sich, zwar ein wenig ängstlich, aber dafür wenigstens in einem Stück, in ihren Höhlen und zeugten Nachkommen, die die Fähigkeit hatten, sich von ihrer Angst warnen zu lassen.

»Es muss schön sein, mutig zu sein«, sagte Herr K., »Wenn man mutig ist und keine Angst hat, lässt man sich nicht von diesen Affen stören!« – »Das hört sich komisch an, finde ich«, erwiderte der Rabe. »Mut heißt ja nicht, keine Angst zu haben, sondern der Angst ins Auge zu sehen.«

Du bist kein Höhlenmensch, lebst nicht in der Steinzeit und die Säbelzahntiger sind längst ausgestorben. Die übrigen Tiger sind auch nicht mehr so häufig, schon gar nicht in Europa, und die, die es bei uns gibt, sitzen hinter Gittern. Eine spezielle Tigerangst brauchst du also nicht. Aber die hat ja heute sowieso keiner. Außer er ist völlig bekloppt. Oder Zoowärter.

Meistens sind Ängste nicht wählerisch. Sie breiten sich gern aus. Eine ausschließliche Tigerangst hat es wohl noch nie gegeben. Zumindest richtete sich die Angst unserer Urahnen sinnvollerweise auf alle großen Raubtiere oder überhaupt alle großen Tiere, die stärker als ein Mensch sind. Und das war auch gut so: Es ist nämlich sehr wichtig, ein automatisches Warnsignal zu haben, das den Körper schnell reagieren lässt, ohne viel Zeit mit Nachdenken zu verschwenden. Darüber hinaus sollte das Warnsignal aber nicht nur bei großen Tieren anspringen, sondern auch wenn kleinere, dafür aber giftige Tiere, wie Giftschlangen und Skorpione, im Anmarsch sind.

Die Angst-Affen lassen sich aber nicht so leicht zufriedenstellen. Würden sie nur auf reelle Gefahren anspringen, bekämen wir sie nicht oft zu Gesicht. Stattdessen fragen sie sich ständig: »Bin ich bedroht?« Und mit großen Augen halten sie rundum Ausschau nach Gefahren.

Und wozu erst auf ein Tier warten? Wenn's im Gebüsch raschelt, könnte das auch schon gefährlich sein. Stimmt. Aber was heute im Gebüsch raschelt, sind weder Tiger noch Skorpione oder Giftschlangen. Und selbst Lustmörder kriechen eher selten im Gebüsch herum. Die Angst-Affen sehen das jedoch anders. Sie geben keine Ruhe. Sind keine offensichtlichen Gefahren in Sicht, dann arbeiten sie sich eben an Gefahren ab, die sie selbst erst erzeugen – und dabei können sie richtig einfallsreich werden: der kleine Weberknecht im Keller, eine harmlose Maus oder ein Käfer können wahre Panik verursachen. Schon allein, dass da ein Mäuschen oder ein Käfer sein *könnte*, löst dann Angst aus. Der Keller selbst macht Angst. Oder das Alleinsein. Oder Menschenmengen. Oder Hühner.

Die Angst-Affen brauchen keine vernünftigen äußerlichen Gründe, um aktiv zu werden. Dass Ängste oft nicht vernünftig sind, heißt jedoch nicht, dass Menschen, die Angst haben, irgendwie dumm oder Feiglinge wären. Sie sind eben besonders sensibel gegenüber den inneren Warnsignalen – ihre Angst-Affen sind besonders aktiv. Das Leben selbst ist ja tatsächlich extrem gefährlich – immerhin endet es praktisch immer mit dem Tod. Und daher kann man selbst vor dem Leben Angst haben.

»Ich verstehe nicht, wieso mir das Leben solche Angst macht«, sagte Herr K. »Eigentlich habe ich es doch ganz gut.«

»Das Leben macht nicht die Angst. Das machen Sie schon

selbst. Aber sehen Sie mal: Es ist doch gar kein Problem, dass Sie Angst haben – nur dass Sie sich von Ihrer Angst herumkommandieren lassen!«

Angst ist eine Automatik des Körpers und des Geistes: Scheint es so, als ob eine Bedrohung im Anmarsch wäre, schütten die Nebennieren sofort Adrenalin aus – du wirst hellwach und fluchtbereit. Wenn die Gefahr dann vorbei ist, fährt der Körper den Alarmmodus wieder herunter. So weit ist das alles prima und sinnvoll. Die Hormone sorgen dafür, dass alle Kräfte zur Verfügung stehen. Das ist zwar belastend, kann aber im Ernstfall lebensrettend sein: Die Reaktionsgeschwindigkeit steigt, die Muskelkraft erhöht sich und alle Sinne sind geschärft. Und da eine Bedrohung normalerweise bald wieder vorbei ist, ist die Belastung durch den Hormonstoß auch kein Problem. Eine Weile ist man ein wenig matt – dann legt man sich halt kurz aufs Sofa. Die Gefahr ist ja überstanden.

Problematisch wird es dann, wenn der Stress bestehen bleibt. Das Gehirn reagiert auf Bedrohung. Aber eine empfundene Bedrohung muss eben nicht unbedingt ein körperlicher Angriff sein; auch ein Angriff mit Worten, Arbeitslosigkeit und sogar lediglich vorgestellte Bedrohungen empfindet das Gehirn als Angriff; da macht es keine Unterschiede.

Angst-Affen lösen nicht nur Alarm aus, wenn du tatsächlich bedroht wirst, sondern auch, wenn du dich bedroht **fühlst.**

Weil Menschen sehr gut darin sind, zu lernen, können leicht die absurdesten Ängste entstehen. Da hat beispielsweise jemand etwas Schlechtes gegessen – er fährt mit der U-Bahn und spürt einen unangenehmen Druck im Bauch. Er denkt an einen Herzinfarkt und bekommt Angst. Wohlgemerkt: Bisher ist da noch kein wirkliches Problem. Natürlich macht ein Herzinfarkt

Angst! Aber es ist ja gar kein Herzinfarkt, sondern nur eine Verdauungsstörung. Das Gehirn verknüpft das unangenehme Ereignis daraufhin mit der U-Bahn. Als dieser Mensch das nächste Mal mit der U-Bahn fährt, hat er die vorige Fahrt schon vergessen – ganz im Gegensatz zu seinem Gehirn, das ein Warnsignal sendet. Ohne dass er weiß, warum, beginnt sein Herz wild zu klopfen. Nun hat er wieder Angst. Und er fährt wieder U-Bahn. Dass er mit der Zeit immer mehr Angst vor dem U-Bahn-Fahren bekommt, ist dann nicht mehr so erstaunlich.

Leider kann das alles noch schlimmer kommen. Ängste breiten sich nämlich gern aus. »Generalisierung« heißt das. Der U-Bahn-Gast beispielsweise hat ein unangenehmes Gefühl, wenn er mit der U-Bahn fährt; aber mit der Zeit wird es schon schwierig, überhaupt hinunter zur U-Bahn zu gehen. Und dass so viele Menschen eng beieinander sind, macht auch noch Angst. Am besten, er bewegt sich so wenig wie möglich aus dem Haus … und schon hat die Angst sein Leben im Griff.

Solche Fälle sind zwar drastisch – aber leider nicht übertrieben. Ängste funktionieren oft so. Nicht einmal etwas Konkretes muss der Anlass sein. Manchmal ist die Angst so selbstständig und spielt sich nur im Körper ab, dass der Betroffene überhaupt keine Ahnung hat, dass es sich um eine »Angststörung« handelt.

Für unseren Körper ist das gar nicht gesund. Ein kurzer Hormonschub, auf den dann eine Erholungsphase folgt, ist völlig unproblematisch. Doch wenn der Körper im Dauerstress ist, hat das im Laufe der Zeit unangenehme Konsequenzen. Der Blutdruck steigt und die Organe werden in Mitleidenschaft gezogen. Und dann fühlen wir uns nicht nur schlapp, depressiv und gestresst, sondern wir sind es auch.

Und was können wir nun mit diesen Angst-Affen in unseren Köpfen machen? Jeder, der Angst hat, versucht natürlich, irgendwie mit der Angst umzugehen und das unangenehme Gefühl loszuwerden. Beispielsweise oben genannter Fahrgast, der eine Angst vor dem U-Bahn-Fahren entwickelt hat. Zuerst versucht er wahrscheinlich, sich »zusammenzureißen«, also die Angst-Affen einfach zu ignorieren. Das klappt nicht so gut. Dann probiert er es vielleicht mit Atemübungen. Das scheint schon besser zu funktionieren. Jedes Mal, wenn er in die U-Bahn steigt, beginnt er tief ein- und auszuatmen und seine Atemzüge zu zählen. Und tatsächlich tritt die Angst erst einmal weniger stark auf. Denkt er. In Wirklichkeit wird die Angst aber stärker: Denn mit jedem Mal, wo die Atemübung »erfolgreich« ist, ist das nur ein weiterer Beweis dafür, dass die Angst berechtigt ist. Er kann die Angst zwar ein bisschen kontrollieren, aber um den Preis, die zugrunde liegende Angst zu festigen. Und so was geht auf die Dauer natürlich nie gut aus.

Aber was sollen wir denn dann bitte machen, wenn wir Angst haben? Die Angst-Affen toben wie die Verrückten im Kopf herum und wir müssen etwas unternehmen.

Zum Glück gibt es eine ganz einfache Methode: Zeige den Affen, dass nichts passiert! Das ist an sich ganz einfach, auch wenn es anfangs nicht so leicht umzusetzen ist. Die Angst fühlt sich nun einmal schlimm an. Aber eines solltest du wissen: Die körperliche Angstreaktion hält höchstens eine halbe Stunde lang an. Danach werden keine Angsthormone mehr produziert und die Erholungsreaktion setzt ein. Wer das durchhält, der zeigt seinem Gehirn und den Angst-Affen, dass nichts passiert. Und dann herrscht Ruhe da oben.

Das klappt leider nur dann, wenn man ein wenig Mut hat – und wenn es konkrete Ängste sind, denen man sich stellen kann. Je abstrakter die Angst jedoch ist, desto schlechter klappt diese Löschmethode.

Doch keine Sorge: Angst-Affen lassen sich grundsätzlich immer beruhigen – am besten mit der W.A.H.L.-Methode. Aber darüber wollen wir später sprechen. Jetzt wollen wir die Affen ja erst einmal nur kennenlernen. Schau einmal nach, wovor du Angst hast und was dabei in deinem Kopf passiert.

***Sprach der Rabe: »Angst ist ängstlich.
Jede Angst flieht, wenn man sich ihr nur stellt.«***

Die Affen der Sorgen

Sorgen sind noch sehr viel weiter verbreitet als Ängste. Es gibt wohl niemanden, dem die Sorgen-Affen nicht schon manches Mal den Schlaf geraubt haben. Aber sind Sorgen denn nicht auch Ängste? Klar – ein wenig schon. Der Hauptunterschied ist jedoch, dass Ängste sich auf eine gerade bestehende Bedrohung beziehen, Sorgen dagegen auf eine Bedrohung, die erst noch auftreten könnte – und »könnte« heißt ja keinesfalls »muss«, wie du sicher schon oft gemerkt hast. Vielleicht hast du Angst vor der Zukunft, Angst, deinen Job oder deinen Partner zu verlieren, Angst, krank zu werden. Diese Ängste sind das, was wir hier »Sorgen« nennen. Du kannst sie natürlich so nennen, wie du magst – nur solltest du dir eben bewusst sein, dass es Ängste sind, die sich nicht auf das Jetzt, sondern die Zukunft beziehen. Und es gibt einen wichtigen Unterschied, der über bloße Wortklauberei hinausgeht: Ängste machen deinen Körper reaktionsbereit – Sorgen nicht.

Natürlich bringen Sorgen uns nie etwas – und denen, um die wir uns sorgen, übrigens auch nicht. Nichts wird besser dadurch, dass man Schlimmes oder gar das Schlimmste befürchtet. Im Gegensatz zur Angst sind Sorgen eben kein Warnsignal, das ja manchmal sehr sinnvoll sein kann.

Das weißt du nun sicher alles selbst. Und trotzdem kannst du in Momenten, in denen du dir Sorgen um irgendetwas machst, nicht einfach sagen: »Na gut, dann sorge ich mich eben nicht.« Obwohl: *Sagen* kannst du dir das schon – es ändert nur nichts daran, dass die Sorgen-Affen trotzdem in deinem Kopf herumspringen. Tja – so ist das eben mit den Affen: Sie tun, was sie wollen. Du spürst die Sorgen und hast sie nicht absichtlich.

Beispielsweise ist dein Partner gerade nachts im Auto unterwegs und schon eine halbe Stunde zu spät dran. Die Sorgen-Affen werden aktiv und jammern: »O je! Was könnte passiert sein? Da ist doch bestimmt etwas nicht in Ordnung!« Zuerst antwortest du noch: »Quatsch. Warum sollte etwas passiert sein? Ist doch alles noch im Rahmen.« Aber so leicht lassen sich die Sorgen-Affen nicht abspeisen. Sie flüstern: »Ja, aber weißt du das denn? Doch, doch, es könnte ein Unfall sein, das kommt gar nicht so selten vor. Solltest du nicht endlich etwas tun?« Mit dem Einschlafen ist es dann natürlich vorbei. Die Affen im Kopf sind ganz schön aufdringlich.

Aber vergiss nicht: Letztlich sind alle Affen, auch die Sorgen-Affen, ein Teil von dir! *Du* machst dir Sorgen. Bei Ängsten ist es immer *etwas*, das Angst macht. Das stimmt zwar nicht ganz – aber das sagt dir dein Gefühl. »Da ist etwas, das mir Angst macht.« Bei den Sorgen hingegen zeigt schon die Sprache, dass es ein wenig anders ist. Da ist ziemlich klar:

Du machst dir Sorgen; da ist niemand anders, der sie für dich herstellt.

Nur dann, wenn man Sorgen mit Angst gleichsetzt, ist es anders. »Mein Kind macht mir Sorgen«, »Meine Zukunft macht mir Sorgen« – da scheint das Kind oder die Zukunft die Angst zu »machen«. Aber vermutlich durchschaust du selbst, dass das nur ein Trick ist, um nicht sagen zu müssen: »*Ich* mache mir meine Sorgen.«

Die Sorgen-Affen haben eine zentrale Frage, die sie umtreibt: »Was könnte Schlimmes geschehen?« Und das ist ein guter Trick, damit der Verstand auch brav mitspielt und die Affen langfristig am Leben hält. Denn es *könnte* ja in der Tat alles Mögliche passieren. Auch das Schlimmste. In der nächsten Minute könnte ein großer Meteor einschlagen und 90 Prozent allen Lebens auf der Erde vernichten. Also lies lieber schneller …

Aber viel »möglicher« ist natürlich, dass nichts von dem passiert, was du befürchtest. Das ist Logik. Und Statistik. Doch die hilft natürlich herzlich wenig. Die Gefühle sind viel stärker. Deswegen funktionieren Fake News ja auch so hervorragend. Bei irrationalen Ängsten spüren diejenigen, denen die Angst-Affen das Leben schwer machen, ihre Angst zwar durchaus, aber sie wissen meist, dass die Angst eigentlich Quatsch ist. Die Sorgen-Affen sind da schon geschickter: Sie tun so, als ob die Sorgen ganz berechtigt und rational seien.

»Ich weiß nicht, was die Zukunft bringt«, sagte Herr K. »Ist es da nicht ganz natürlich, dass ich mir Sorgen mache? Es könnte ja tatsächlich alles Mögliche passieren.«

Der Rabe sah Herrn K. mitleidig an. »Es ist schon seltsam, dass sich Menschen aus den unendlichen Möglichkeiten der unbekannten Zukunft gerade die unangenehmsten in die Gegenwart holen. Dadurch wird die Gegenwart so schlimm, wie es die Zukunft wohl nie sein wird.«

Sorgen können uns den letzten Nerv rauben. Falls du dir oft Sorgen machst, hast du vielleicht eine weitere Eigenschaft bemerkt: Die Gedanken werden »klebrig«. Wenn man erst einmal eine Sorge hat, ist es schwer, diesen Gedanken wieder loszuwerden. Du »klebst« an ihm fest – oder der Gedanke an dir.

Nun gibt es Sorgen ja nicht deshalb, weil Gott (oder der Teufel) aus Spaß die Fähigkeit, sich zu sorgen, in den Menschen eingepflanzt hat. Selbst Sorgen haben eine Funktion. Oder genauer gesagt sind sie die Folge einer großartigen Gabe, die wir Menschen im Gegensatz zu allen anderen Lebewesen haben: Wir können in unserem Kopf verschiedene Möglichkeiten der Zukunft ausprobieren. Das ist der evolutionäre Vorteil, den wir als Menschen haben. Und es ist tatsächlich ein Riesenvorteil, nicht erst auf eine akute Bedrohung reagieren zu müssen, sondern die Zukunft vorwegnehmen und sich vorbereiten zu können.

Aber mal ehrlich: Wann tun Sorgen das denn tatsächlich? Also etwas vorwegnehmen und – was für ein lustiger Begriff – *vor-sorgen*? Meist sind die Sorgen völlig unnötig und helfen überhaupt nicht. Sie vermiesen dir nur die Gegenwart. Das Problem mit den Sorgen und der Grund dafür, dass sie so stark sind, liegt darin, dass Unangenehmes die Wahrnehmung nun einmal stärker fesselt als Angenehmes und besser im Gedächtnis haften bleibt. Sind die Gedanken erst einmal unterwegs in Richtung Sorgen und die Sorgen-Affen aktiv, ist es nicht mehr so leicht, wieder auszusteigen.

Du *musst* dir aber keine Sorgen machen. Auch wenn du manchmal denkst, dass du dir doch Sorgen machen musst – letztlich hast du immer die Wahl. Gewöhne dir an, jedes Mal »Stopp! Nicht jetzt!« zu sagen, wenn dein Geist in die Sorgenspirale gerät. Auch wenn du dir gerade Sorgen machst, auch wenn sie nicht weggehen wollen und auch wenn deine Sorgen ja immerhin zutreffen *könnten*: Es ist ganz wichtig, dass du dir dann immer wieder klar machst, dass du der Chef in deinem Kopf bist. Du *musst* dir keine Sorgen machen. Es passiert eben. Du musst nur herausfinden, wie du mit den Sorgen-Affen richtig umgehst. Und das lernst du im Kapitel »Die Affenbande zähmen«.

Sprach der Rabe: »Meine größte Sorge ist, dass ich den Moment mit Sorgen vergifte und dann überhaupt nichts Schlimmes passiert.«

Die Affen der Selbstzweifel

Die Affen der Selbstzweifel ziehen ihre ganze Energie aus einer einzigen Frage: »Komme ich bei anderen gut an?« Ohne diese Frage wäre ihr Geschrei schnell zu Ende.

Ob du nun in den Spiegel im Badezimmer oder in den Spiegel deiner Gedanken schaust: Die Affen der Selbstzweifel lenken deine Aufmerksamkeit immer nur auf Mängel – gelegentlich auf echte, sehr oft aber auf eingebildete. Sie fixieren dein Bewusstsein fast ausschließlich auf die Dinge, von denen du vermutest, dass andere Menschen sie ablehnen. »Andere« sind nicht nur die Menschen, die nicht du sind. Es können auch »innere Persönlichkeiten« sein, denen du gefallen willst, sozusagen verinnerlichte andere. Beispielsweise die verinnerlichten Eltern. Du zweifelst dann daran, dass du den Anforderungen genügst, du zweifelst daran, dass du schaffst, was du dir vornimmst, und an deinem eigenen Wert sowieso. Diese Selbstzweifel sind sehr verbreitet. Und sie können sehr zerstörerisch sein, wie du ja vielleicht schon selbst erfahren musstest.

Herr K. sagte: »Selbstzweifel kenne ich gut, es gibt wirklich vieles, was ich falsch mache.«

Der Rabe nickte, aber er hatte einen ironischen Zug um die Schnabelspitze. »Ja«, krächzte er. »Aber auch wer keine Selbstzweifel hat, macht vieles falsch. Was er aber zumindest nicht falsch macht, ist, deshalb an sich zu zweifeln.«

Wenn du gerade eine Prüfung oder ein Einstellungsgespräch vor dir hast, ist der Gedanke, wie du wohl beim Prüfer oder der Person, die das Einstellungsgespräch führt, ankommen wirst, natürlich naheliegend und vernünftig. Es hängt schließlich viel davon ab, dass du einen guten Eindruck machst.

Nun sind *Überlegungen* eine Sache. *Selbstzweifel* sind aber etwas anderes als lösungsorientierte Überlegungen. Selbstzweifel sind problemorientiert. Sie lösen keine Probleme, sondern schaffen erst welche. Es sind Überlegungen mit einem Filter, der immer nur mögliche Schwachstellen betont. Und gleichzeitig unterdrückt dieser Filter die Wahrnehmung der positiven Eigenschaften und Lösungsversuche.

Was würde denn schon passieren, wenn du nicht an dir selbst zweifeln würdest, beispielsweise wenn du vor einer Prüfung stehst? Hindert dich das etwa am Lernen? Hindert es dich daran, sicher aufzutreten und Vertrauen auszustrahlen?

Im Gegenteil: Deine Zweifel sind es, die dir das Lernen schwerer machen. Und die Zweifel-Affen, die dauernd dazwischenbrüllen, sind es, die dich daran hindern, selbstbewusst aufzutreten. Die Zweifel-Affen erzeugen ein hinterhältiges Problem: Sie sorgen dafür, dass ihre Befürchtungen wahr werden. Wenn du an dir zweifelst und denkst, dass andere Menschen dich nicht mögen werden, schaffst du dadurch nämlich die optimale Voraussetzung dafür, dass sie dich dann tatsächlich nicht okay, zu verschüchtert oder ein wenig seltsam finden werden. Oder du versuchst, deine Selbstzweifel mit aller Macht zu überspielen, was auch nicht besser ist, da du dann als arrogant rüberkommst.

An sich selbst zu zweifeln ist prinzipiell immer eine dumme Idee. Natürlich kann und sollte man schon auch selbstkritisch sein; das ist wichtig, um sich realistisch einzuschätzen und sich nicht in lächerlichen und größenwahnsinnigen Träumereien zu verlieren oder überheblich zu werden. Doch über allen Zweifeln sollte immer das Vertrauen in dich selbst stehen. Du bist gut so, wie du bist – basta! In gewisser Hinsicht bist du sogar längst vollkommen. Du kannst natürlich ein wenig Erfahrungen dazugewinnen, dein Wissen erweitern oder andere, bessere Verhaltensweisen annehmen. Doch alle Schwierigkeiten, die du mit dir hast, haben nichts damit zu tun, dass dir etwas fehlt, sondern damit, dass vieles überflüssig und zu viel ist: beispielsweise Selbstzweifel – und viele andere Affen, die deinen Geist beunruhigen.

Der Rabe sah Herrn K. an: »Ist Ihnen eigentlich klar, dass Sie einmalig sind?«

Herr K. lachte. »Quatsch. Ich bin doch wirklich nur ein Durchschnittsmensch.«

»Dann überlegen Sie doch mal, wie es überhaupt sein kann, dass Sie auf der Welt sind. Milliarden von Jahren hat sich Leben entwickelt – und Sie sind eine von nur ganz wenigen Arten, die überlebt haben. Von den Menschen, die Nachkommen hatten, Generation um Generation, sind Sie das Endprodukt. Und was war alles nötig, damit sich Ihre Großeltern überhaupt begegneten, sodass Ihre Eltern geboren wurden? Sie sind einmalig im ganzen gewaltigen Universum. Alles hat dazu geführt, dass Sie jetzt hier sind!«

Herr K. staunte. Dann aber sagte er: »Aber das gilt dann doch für jeden Menschen, oder?«

»Ja – ist das nicht wunderbar?«

Es gibt Menschen, die großen Wert darauf legen, selbstbestimmt zu sein, und denen dieser verbreitete Wunsch, bei anderen gut ankommen zu wollen, erst einmal zuwider ist. Das klingt für sie alles zu sehr nach Opportunismus, Verstellung und nach wenig Selbstbewusstsein. So wollen sie auf keinen Fall sein. Sich zu verstellen oder eine Rolle zu spielen, um besser anzukommen, kommt für sie nicht infrage. Und so entscheiden sie sich lieber dafür, »cool« zu sein, indem sie vorgeben, dass es ihnen völlig egal ist, was andere von ihnen denken und welche Wirkung sie haben. Das ist natürlich nichts als eine Selbsttäuschung. Sich zu panzern, ist überhaupt nicht cool, sondern ein Zeichen für Unsicherheit und Selbstzweifel und zuweilen sogar ein Anzeichen einer seelischen Störung.

Unsere Beziehungen zu anderen Menschen sind einer der wichtigsten Glücksfaktoren. Doch gerade im Kontakt zu anderen sind unsere Selbstzweifel wiederum fatal: Sie führen zu Gedanken, die uns selbst und unserer Verbundenheit mit anderen schaden. Wer an sich selbst zweifelt, strahlt Unsicherheit und Schwäche aus und kann gar nicht zeigen, wer er wirklich ist.

Das gilt auch oder gerade dann, wenn dir Selbstbestimmung und Authentizität wichtig sind. Authentisch kannst du nur sein, wenn du dich auch selbstkritisch betrachten kannst, nicht aber, wenn du ständig an dir selbst zweifelst. Und wenn du nicht authentisch bist, kommst du aller Wahrscheinlichkeit nach weniger gut bei anderen an. Menschen merken es ja in der Regel, wenn du dich verstellst. Dann empfinden sie weniger Sympathie und sind weniger bereit, dir zuzuhören. Selbstzweifel bringen dich von deinem Weg ab – immer.

Herr K. sagte: »Ich kann mich doch wohl auf meine Augen verlassen!«

Der Rabe legte den Kopf schräg. »Das Auge sieht nichts. Und das Gehirn sieht nur, was es will.«

Ja, tatsächlich: Wir sehen nicht mit den Augen. Die Augen wandeln lediglich Licht in Nervenimpulse um. Wir sehen mit dem Gehirn – aber das Gehirn ist nicht die Kinoleinwand, sondern der Regisseur, der bestimmt, welche Ausschnitte aus der Wirklichkeit wir sehen.

Wenn du also der Regisseur deines Wahrnehmungsfilms bist, dann sei nicht gleichzeitig auch noch der Kritiker. Das macht den Film nämlich nicht besser.

Was jeden Lebensfilm wertvoll
und schöner macht, ist Mitgefühl.
Und die Basis von Mitgefühl ist …

Selbstmitgefühl!

Und damit kommen wir zu einem Punkt, den du vielleicht gar nicht unbedingt mit Selbstzweifeln in Verbindung bringst: Selbstmitleid. Sich selbst zu bemitleiden, wie schlimm es doch ist, wie gemein doch die anderen oder das Universum sind, das Brüten darüber, was einen belastet, und das Gefühl, dass wir Opfer sind – all das bewirken ebenfalls die Affen der Selbstzweifel. Es ist nur eine andere perfide Strategie dieser Affenart.

Selbstmitleid hat nicht das Geringste mit Selbstmitgefühl zu tun. Selbstmitleid fühlt sich immer unangenehm an. Selbstmitgefühl dagegen fühlt sich stets entspannend, befreiend, erleichternd und gut an.

Versuche, Mitgefühl und Verständnis für dich selbst aufzubringen, anstatt dich selbst zu kritisieren und zu verurteilen, anstatt über dein Schicksal und dein Leiden zu brüten oder dich selbst zu bemitleiden. Mach dir immer wieder deine Stärken bewusst, aber entwickle auch Selbstmitgefühl für deine Schwächen – sie gehören zu dir, wie sie zu allen menschlichen Wesen gehören. Wenn du willst, dann versuche, dich zu entwickeln, deine Fähigkeiten zu erweitern und dein Potenzial auszuschöpfen – aber tu das alles immer mit Liebe zu dir und Verständnis für dich selbst. Sei nicht so streng zu dir. Behandle dich freundlich und nachsichtig – so wie du eine gute Freundin oder einen guten Freund behandeln würdest.

Mit der Zeit werden sich die Affen der Selbstzweifel dann mehr und mehr entspannen können und dich nicht länger von dir selbst und deinen Möglichkeiten ablenken.

Sprach der Rabe: »Mitgefühl ohne Selbstmitgefühl ist eine fragwürdige Sache – wer soll dir dein Mitgefühl abnehmen, wenn du nicht einmal mit dir selbst einfühlsam und nachsichtig umgehst?«

Die Affen der Unzufriedenheit

Wer von Ängsten, Sorgen, Grübeleien oder Selbstzweifeln geplagt wird, kann trotzdem im Großen und Ganzen einigermaßen zufrieden mit seinem Leben sein. Klar: Wenn die Ängste weg wären, wenn die Sorgen uns nicht ständig nerven würden und diese Selbstzweifel nicht so aufdringlich wären, wäre unser Leben natürlich noch viel angenehmer. Aber was soll's: Es ist eben nicht alles perfekt – trotzdem können wir an sich ganz zufrieden sein, solange die Affen es in unserem Oberstübchen nicht gerade mal wieder übertreiben.

Bei der Unzufriedenheit ist das jedoch anders. Man kann nicht unzufrieden sein und trotzdem zufrieden. Logisch, oder?

Die Affen der Unzufriedenheit weisen auf Mängel hin: »Dies stimmt nicht, das stimmt nicht, das hier ist nicht gut genug, davon hast du zu wenig …« Sie starren mit höchster Konzentration auf das, was nicht vollkommen ist. Das heißt: Diese Affen haben mächtig viel zu tun. Denn was ist schon vollkommen? Das Wetter ja schon einmal nie. Vielleicht ist die Auswahl beim Frühstücksbuffet im Allinclusive-Urlaub nicht so üppig. Verflixt – es fehlt Hummer! Politiker sowieso: Die machen ja alles falsch. Und der Partner hat schon wieder nicht im Bad aufgeräumt.

Herr K. sah sich um. Es war ihm deutlich anzusehen, dass er mit etwas nicht zufrieden war. »Ich bin doch der Chef in diesem Affendorf. Warum muss ich denn dann in dieser winzigen Hütte hausen?«

Der Rabe sah ihn belustigt an und fragte: »Erwarten Sie demnächst einen größeren Wachstumsschub?«

Herr K. sah ihn unwirsch an. »Lassen Sie doch diese Albernheiten! Ich finde es einfach nicht angemessen, dass die Hütte so klein ist.«

Der Rabe schüttelte den Kopf. »Das kann doch nicht wirklich das Problem sein. Sie sitzen doch ohnehin die ganze Zeit nur herum. Und wenn Sie aufstehen, stoßen Sie nicht an der Decke an.«

Herr K. ließ den Kopf hängen. »Ja, wahrscheinlich haben Sie schon recht. Aber ich bin nun einmal unzufrieden!«

Der Rabe nickte. »Ja, so ist das mit der Unzufriedenheit. Sie will immer etwas anderes als das, was ist. Wären wir in einem Schloss, wären Ihnen die Räume sicherlich zu weit und die Decken zu hoch …«

Unzufriedenheit ist der Wunsch nach dem, was gerade nicht da ist. Und dann gibt es natürlich noch eine ganz wichtige Unzufriedenheit: die Unzufriedenheit, die sich aus den Beziehungen zu anderen Menschen ergibt. Jeder wünscht sich ja, von anderen akzeptiert, gemocht, bewundert oder vielleicht sogar geliebt zu werden. Dieser Wunsch ist erst einmal völlig normal. Doch wenn sich die Affen der Unzufriedenheit auf diesen Wunsch stürzen, sind sie sehr effektiv und machen dir das Leben schwer.

Eine starke Quelle für Unzufriedenheit ist der Wunsch, von anderen Menschen geliebt zu werden.

Die Werbebranche weiß das sehr gut. »Verbraucherinformationen« wären ja hilfreich; dann könnte man darüber nachdenken, ob man dies oder jenes wirklich braucht. Doch Fakten sind eben nicht sexy. Und jemand, der dir etwas verkaufen will, hat kein Interesse daran, dass du lange nachdenkst. Deshalb sind in der Werbung fast immer glückliche, gut aussehende Menschen, meist zusammen mit ebenso glücklichen, gut aussehenden Freunden zu sehen. Es soll sich im Unterbewusstsein die Idee festsetzen: »Kauf unser Produkt, dann wirst du glücklich sein und von allen gemocht werden!« Das funktioniert selbst dann, wenn es um eine Versicherung oder ein Auto geht.

Dieser Werbetrick ist sehr albern, aber ganz schön wirksam. Und das, obwohl es natürlich grotesker Unsinn ist, dass man einen Menschen mehr akzeptieren würde, wenn er nur eine gute Versicherung hat. Aber es funktioniert, weil diese Art Werbung unser Bedürfnis nach Anerkennung anspricht und eine Sehnsucht weckt, die beim Vergleich mit dem tatsächlichen Leben Unzufriedenheit aufkommen lässt.

Die Werbung sagt, dass du alles Mögliche, vom super sauber waschenden Spülmittel bis zum neusten Sportwagen brauchst. Vielleicht hättest du diese Dinge gern. Warum auch nicht? Die Frage ist nur: Ist es wirklich das, was du willst – oder ist es etwas ganz anderes, beispielsweise die heile Welt, die die Werbung zeigt? Anerkennung, Freundschaft, Bewunderung, Liebe? Würden dir die Dinge, die du kaufen kannst, wirklich das, was du eigentlich brauchst, geben? Macht dich das Fehlen dieser Dinge tatsächlich unzufrieden? Und kuriert der Kauf deine Unzufriedenheit? Wie hast du es bisher ohne diese Dinge ausgehalten?

Die Affen der Unzufriedenheit sind wie Wächter vor dem Tor zum Glück. Ob ein ängstliches Mäuschen, ein sorgenvoller Grübler oder ein schüchterner, an sich selbst zweifelnder Dichter – jeder Mensch kann durch das Tor zum Glück treten. Allerdings: Wenn die Affen der Unzufriedenheit dort Wache stehen, wird es schwierig – ja eigentlich sogar unmöglich. Irgendetwas Unbefriedigendes lässt sich ja ganz bestimmt finden. Immer.

Unzufriedenheit kann dich nie und nimmer zufrieden machen. Die Affen der Unzufriedenheit sind Wachposten vor dem Tor zum Glück.

Und diese Affen sind kräftige Kerle. Einen Kampf mit ihnen, um ins Schloss des Lebensglücks zu kommen, brauchst du erst gar nicht anzufangen. Solange die Wachen dort stehen, kommst du definitiv nicht rein.

Doch wie bringst du diese nutzlosen Affen dazu, ihren Wachposten aufzugeben? Ganz einfach: Gib ihnen eine neue Aufgabe! Wie das geht, darüber werden wir im nächsten Hauptkapitel sprechen. Doch versuche zunächst, im Alltag immer wieder einmal zu erkennen, wann und wie die Affen der Unzufriedenheit in deinem Kopf wirken und in welchen Situationen sie »anspringen«. Und dann versuche herauszufinden, was du *wirklich* willst und wo du wirklich Zufriedenheit – oder man könnte auch sagen: »inneren Frieden« – findest.

Sprach der Rabe: »Sich über das zu ärgern, was fehlt, ist der schnellste Weg zur Unzufriedenheit. Mach lieber einen Umweg! Zufrieden sein kann nur, wer Freude über das empfindet, was da ist.«

Die Affen des Ärgers

Es ist schon sehr ärgerlich, wenn man sich ärgern muss. Und es gibt ja sooo viel, über das man sich ärgern *kann*. Der Nachbar, der Ehepartner, die Kinder, die Kollegen, der Chef, die Politik, die Weltlage … Sogar über sich selbst kann man sich oft genug ärgern. »Schon wieder habe ich heute keinen Sport gemacht!«, »Warum habe ich mich nur so vollgestopft? Ich wollte doch abnehmen!«, »Ich verschwende viel zu viel Zeit damit, vor dem Computer zu hocken!« …

Die Frage, die die Ärger-Affen so aufdringlich stellen, ist: »Darf man sich das gefallen lassen?« Kannst du die Unverschämtheit des Nachbarn, die grundlosen Vorwürfe des Partners, die Nerverei der Kids, die Intrigen der Kollegen oder die Überheblichkeit des Chefs wirklich dulden? Kannst du hinnehmen, wie die Politik mit den Menschen umgeht oder wie die Welt den Bach runtergeht? Willst du es wirklich einfach akzeptieren, wenn du deinen Ansprüchen nicht genügst, immer fetter wirst oder merkst, dass du computersüchtig bist?

Vielleicht fühlst du dich von einigen der Dinge, die wir hier beschrieben haben, ja schon ein wenig (oder sogar sehr) betroffen. Und dann spürst du womöglich, wie Ärger in dir aufsteigt. Wenn nicht, dann schließ doch kurz die Augen und denke an eine Situation zurück, in der du dich kürzlich richtig geärgert hast – zum Beispiel, weil du im Stau nicht vorangekommen bist, dein Partner etwas Dummes zu dir gesagt hat oder du die Rede eines ignoranten Politikers im Fernsehen angeschaut hast.

Falls dir diese kleine Visualisierung gelungen ist, hast du sicher bemerkt, wie die Affen des Ärgers loslegen. Und vielleicht hast du außerdem den Mechanismus dahinter erkannt: Auch wenn sich dein Ärger an äußeren Dingen festmacht, die unangenehm, ungerecht oder vielleicht sogar unerträglich sind – letztlich kommt der Ärger immer aus dir selbst!

Herr K. sah missmutig drein. »Diese ganzen Affen ärgern mich. Und ehrlich gesagt: Wenn's nur die wären. Aber auch diese Politiker ärgern mich. Und überhaupt: Die ganze Weltlage ärgert mich.«

Der Rabe sah Herrn K. belustigt an. »Sie ärgern sich.«

»Ja, das habe ich doch gerade gesagt!«, sagte Herr K. Es klang recht verärgert.

»Ach? Dann habe ich mich verhört. Ich dachte, Sie hätten gesagt, dass dies und jenes Sie ärgert.«

»Ja, das habe ich doch auch!«, sagte Herr K. »Wollen Sie mich auch ärgern?«

»Sie. Ärgern. Sich.«

Man sagt nicht umsonst: »Ich ärgere *mich*!« In der Tat: Man ärgert sich immer selbst. Die äußeren Umstände können das nämlich gar nicht. Die mögen schlimm sein, ja sogar so schlimm, dass du sie unbedingt ändern musst – aber was sie nicht tun, ist, Ärger in dir zu produzieren. Das machst du selbst.

Das ist nun durchaus verständlich und bei fast jedem von uns so. Es ist ähnlich wie bei der Angst. Auch Ärger ist ein körperlicher Vorgang, bei dem Hormone ausgeschüttet werden, die dich aus der Ruhe bringen. Tatsächlich sind es sogar praktisch dieselben! Und auch der Grund ist ähnlich: Eine (wahrgenommene) Bedrohung taucht auf – und dein Körper reagiert.

Es gibt drei mögliche Reaktionen auf Bedrohungen: Erstarrung, Kampf oder Flucht. Ärger aktiviert dich für den Kampf. Nur stellt sich wieder dieselbe Frage wie bei der Angst: Ist diese Reaktion in unserer relativ geschützten, modernen Welt wirklich noch angemessen? Nur selten. Deinem Nachbarn, deinem Ehepartner, deinen Kindern oder deinen Kollegen kannst du ja nicht einfach an die Gurgel springen und sie zu Boden schlagen. Nicht nur, dass das für dich selbst üble Konsequenzen hätte – rechtliche und ethische –, es bringt dich auch keinen Schritt weiter.

Und doch schaltet dein Körper in den Kampfmodus, was ein Problem ist: Dein Körper mit all seinen Hormonen möchte kämpfen; dein Verstand sagt, dass das nun wirklich nicht geht. Und der Konflikt zwischen »Wollen« und »Nichtdürfen« führt zu Stress und innerer Anspannung, die sich letztlich nur gegen dich selbst richtet.

Der Kampfmodus ist nur sinnvoll, wenn du konkret gegen etwas kämpfen kannst, von dem du dich bedroht fühlst. Einen Kampf mit einem Tiger, einem gewieften Straßenräuber oder deinem Chef würdest du allerdings sehr wahrscheinlich verlieren – und dann wäre es schlauer, in den Fluchtmodus zu schalten.

Wenn du weder fliehen noch kämpfen kannst, wirst du einen inneren Kampf austragen – und den kannst du nie gewinnen.

Vielleicht glaubst du ja manchmal, einen inneren Kampf gewonnen zu haben. Doch auch dann hast du ihn verloren, denn ganz egal, wer der Sieger ist: Es gibt auf jeden Fall auch einen Verlierer – und das ist ebenfalls ein Teil von dir.

Die Frage ist also: Brauchst du Ärger überhaupt? Ist er wirklich absolut unvermeidlich? Ja? Lassen dich die Affen des Ärgers einfach nicht zur Ruhe kommen? Na gut – dann sorge wenigstens dafür, dass die Ärger-Affen sich aus sinnlosen Kämpfen heraushalten. Das ist leichter, als du im Moment vielleicht glaubst. Und natürlich werden wir dir noch zeigen, wie das funktionieren kann. Je besser du die Affen des Ärgers jedoch kennst und je klarer du erkennst, in welchen Situationen du getriggert wirst und sie mit ihrem Theater anfangen, desto einfacher wird es später für dich sein, affenfreie Zonen in deinem Geist zu erschaffen.

Sprach der Rabe: »Wer sich auch nur einen Schritt vom Ärger entfernt, verliert ihn. Ein Verlust, der wahrlich ein Gewinn ist!«

Die Affen der Urteile

Diese Affen sind die Hüter von Meinungen und die Laienrichter in unserem Geist. Wir, beziehungsweise unsere Affen im Kopf, urteilen ständig über alles nur Mögliche: über das Wetter, unsere Befindlichkeiten, den Nachbarn, den Partner, die Politik … Es ist schon seltsam, dass wir das Bedürfnis zu haben scheinen, alles, was uns begegnet, sogleich zu beurteilen.

Warum fällt es uns nur so schwer, das Wetter einfach wahrzunehmen, *ohne* gleich im Kopf hinzufügen: gut/schlecht. Das ist so verbreitet und geschieht so automatisch, dass es dir vielleicht noch gar nicht aufgefallen ist, dass du praktisch über alles Urteile fällst.

Herr K. blickte aus dem Fenster. »Heute haben wir endlich mal richtig gutes Wetter.«

Der Rabe blickte hinaus. »Es sind keine Wolken am Himmel.«

»Ja, das habe ich doch gesagt! So richtig gutes Wetter! Sie kommen jetzt sicher wieder mit Spitzfindigkeiten: Für wen ist das gut? Die Pflanzen brauchen auch Regen ... bla, bla, bla. Nein, das Wetter ist gut!«

»Die Sonne scheint und es ist warm«, sagte der Rabe.

Was ist es nur, das uns dazu zwingt, ständig zu urteilen? Das Wetter zu beurteilen, ist ja noch harmlos. Problematischer wird es, wenn wir andere Menschen und uns selbst be- und möglicherweise auch verurteilen. »Oje, jetzt habe ich schon wieder Schokolade gegessen. Ich bin so furchtbar schwach.« – »Ich hätte mich bei der Prüfung mehr anstrengen müssen. Ich bin so ein Faulenzer!« Mit unseren Urteilen über uns selbst und andere stopfen wir alles in Schubladen. Das ist freilich völlig nutzlos, denn die Dinge ändern sich dadurch ja kein bisschen zum Besseren – und dieses ganze Urteilen macht uns zudem keinen Deut glücklicher. Oft im Gegenteil, nämlich dann, wenn wir uns selbst negativ beurteilen.

Jedes negative Urteil über uns selbst verändert uns. Es verdeckt unser wahres Selbst. Jedes negative Urteil über andere verändert uns ebenfalls: Es setzt uns Scheuklappen auf.

Eine spezielle Nebenwirkung unseres ständigen Urteilens sind Meinungen. Meinungen sind etwas beinahe schon Heiliges. Und die freie Meinungsäußerung ja sowieso.

Aber wie wichtig, wie sinnvoll und wie hilfreich ist es wirklich, wenn unsere Meinung uns heilig ist? Schauen wir einmal genauer hin. Was ist eine Meinung überhaupt? Wir sagen damit, wo wir stehen und wie wir die Welt, beziehungsweise einen Teil davon, beurteilen. Das hört sich erst einmal völlig unproblematisch an. Man hat eben seine Meinung. Die gehört einem und die kann einem auch keiner nehmen – ist doch klar!

Vielleicht erkennst du aber auch schnell, wo das Problem liegt: Denk mal kurz an eine deiner festesten Meinungen. Formuliere sie innerlich am besten ganz klar: »Ich finde, dass … Ich bin der Meinung, dass …« Und dann stell dir vor, dass jemand – vielleicht ein Freund, eine Kollegin oder ein Politiker – ganz anderer Meinung ist. Nun ist es zwar theoretisch möglich, dass du damit ganz gelassen umgehst und dich das gar nicht berührt: »Kein Problem – ich hab meine Meinung, du hast deine. Lass uns was trinken gehen.« Toll. Viel wahrscheinlicher ist jedoch, dass du eine gewisse Unruhe in dir spürst, wenn jemand deine Meinung infrage stellt. Vielleicht spürst du es sogar körperlich, beispielsweise durch ein unangenehmes Kribbeln im Magen.

Das sind die Affen der Urteile, die empört sind, sobald dein Standpunkt infrage gestellt wird. Klar: Es fühlt sich ja auch unsicher an, wenn der Standpunkt wackelt.

Herr K. meinte: »Ich finde es vollkommen richtig, wenn man zu seiner Meinung steht!«

Der Rabe legte den Kopf schief und sah Herrn K. skeptisch an. »Woher kommt sie denn, die Meinung?«

Herr K. schüttelte genervt den Kopf. »Das ist doch eine blöde Frage. Man sieht sich die Dinge an und bewertet sie. Dann hat man sich seine Meinung gebildet.«

»Und dann steht man dazu.« Der Rabe klang wieder einmal ein wenig ironisch.

»Ja. Das ist zumindest meine *Meinung!«*

»Aha. Schränkt das die Beweglichkeit nicht ziemlich ein, wenn man irgendwo steht und sich nicht mehr rühren kann?«

Wir fällen ständig kleine Urteile; wir bewerten Dinge, um Entscheidungen zu treffen. Leider beurteilen wir aber auch viele Dinge, Umstände und Menschen – uns selbst eingeschlossen –, was nicht zu Entscheidungen, sondern zu Meinungen führt.

»Ich meine, dass es ein Leben nach dem Tod gibt.«

»Ich meine, dass jeder seines Glückes Schmied ist.«

»Ich meine, dass man mehr für die Umwelt tun sollte.«

»Ich meine, dass der Politiker XYZ doof ist.«

»Ich finde, dass man mit so einer Jacke gar nicht auf die Straße gehen dürfte.«

»Ich finde, dass ich nicht gut kochen kann.«

»Ich habe keine gute Meinung von mir.«

Tja, und da steht man nun mit seiner Meinung. Aber was macht man damit? Oder macht vielleicht die Meinung etwas mit uns?

Wenn du zu deiner Meinung stehst, verändert das deine Wahrnehmung. Du wirst nie alle Informationen bekommen, die du für ein objektives Urteil benötigen würdest. Aber mit deiner

Meinung hast du nun zumindest einen Filter: Informationen, die die Meinung stützen, kommen durch, und solche, die nicht zu deiner Meinung passen, werden abgewehrt oder zumindest abgeschwächt. So festigt sich die Meinung und der Filter wird immer stärker. Wer immer genauer weiß, wo er steht, wächst langsam fest. Und schließlich fällt jede Bewegung schwer. Die Flexibilität ist verloren gegangen.

Wahrscheinlich erkennst du schnell, dass es durchaus Nachteile hat, eine feste Meinung zu haben:

- Je stärker deine Filter sind, desto weniger Informationen bekommst du.
- Es kostet dich viel Energie, deine Meinung, deinen Standpunkt gegen andere zu verteidigen.
- Neues aufzunehmen und die Dinge aus einem anderen Blickwinkel zu betrachten, wird schwieriger.

Die Affen der Urteile und Meinungen sind oft ganz ruhig – aber nur so lange, bis eine andere, entgegengesetzte Meinung auftaucht. Dann springen sie auf und können ziemlich aggressiv werden. Das fühlt sich in der Regel nicht gerade gut an. Oder eigentlich ist es noch schlimmer: Es fühlt sich nämlich *erst einmal* gut an, seine Meinung zu verteidigen, sich überlegen zu zeigen und seine Intelligenz, sein Wissen und seinen Witz in einer Diskussion ins rechte Licht zu rücken. Dann nerven die Affen der Urteile einen wenigstens nicht selbst, sondern die anderen. Man fällt den Menschen auf den Wecker und nervt. Kein Wunder, dass letztlich aber immer ein schales Gefühl zurückbleibt.

Ja, aber was ist dann die Alternative? Sollte man etwa nicht zu seiner Meinung stehen?

Überlegen wir doch mal, was passiert, wenn wir *nicht* urteilen und keine feste Meinung haben: Wir sind aufnahmebereiter für neue Informationen, wir benötigen keine Energie, um unseren

Standpunkt zu verteidigen, entgegengesetzte Meinungen sind kein Problem, wir spüren keinen Stress, wenn jemand eine Meinung äußert …

Offenbar neigen wir jedoch dazu, die Dinge zu beurteilen: gut/schlecht, schön/hässlich, angenehm/unangenehm … Da dieses Urteilen so »natürlich« geschieht, vergessen wir mitunter, dass wir eigentlich gar nicht urteilen *müssen*, sondern auch einfach nur zuhören und uns dabei entspannen können.

Stell dir mal für einen Moment vor, du betrachtest Dinge, ohne sie in irgendeiner Hinsicht zu beurteilen. Stell dir vor, du beobachtest dich selbst, ohne jede deiner Handlungen oder Worte ständig zu beurteilen oder zu verurteilen. Oder deine Freunde, deine Kinder, die Nachbarn … Fühlt sich das nicht sehr frei an? Vielleicht siehst du dabei mehr als zuvor?

Freie Meinungsäußerung mag schon in Ordnung sein – doch nur die Freiheit von Meinungen macht wirklich frei. Lerne die Affen der Urteile kennen. Beobachte, was in deinem Kopf vor sich geht, wenn du jemandem »die Meinung sagst«. Und wie es sich anfühlt, wenn der- oder diejenige eine andere Meinung hat …

Sprach der Rabe: »Hast du eine Meinung, gehört dir ein kleines Stück der Welt. Lässt du die Meinungen los, gehört dir die ganze Welt.«

Die Affen der Fantasien

Eines der Dinge, die uns Menschen wirklich zu Menschen macht, ist unsere Fantasie. Aber ist das nicht sehr unfair und diskriminierend gegenüber denen, die sagen, dass sie überhaupt keine Fantasie hätten? Nein, Quatsch. Manche Menschen mögen vielleicht *sagen* und *glauben*, dass sie keine Fantasie hätten – aber das stimmt natürlich nicht. Klar, bei manchen Leuten sprudelt die Fantasie geradezu, während sie bei anderen eher eine Quelle aus der Tiefe ist, die still aus dem Boden quillt. Aber ihr Wasser hält die Pflanzen genauso am Leben wie die übersprudelnde Quelle.

Jeder von uns hat Fantasie, weil das einfach zum Menschsein gehört. Stell dir mal jemanden vor, der sich überhaupt nichts vorstellen kann – wie sollte er auch nur die nächste Stunde, den nächsten Tag oder die nächste Woche planen, also nicht minutiös durchplanen, sondern sich nur irgendwie im Klaren darüber sein, was als Nächstes kommt? Um sich etwas, das noch nicht da ist, vorstellen zu können, braucht man zwangsläufig ein klein wenig Fantasie.

Herr K. runzelte die Stirn. »Es ist schon möglich, dass jeder Mensch ein bisschen Fantasie hat – aber ich habe eben doch sehr, sehr wenig.«

Der Rabe sah ihn mitleidsvoll an. »Was würden Sie denn tun, wenn Sie viel mehr Fantasie hätten?«

»Ach, dann wäre mein Leben wohl interessanter. Ich würde Maler oder Schriftsteller werden!«

»Malen oder schreiben Sie gut?«, fragte der Rabe interessiert.

»Nein, das nun nicht gerade.«

»Dann könnten Sie sich also mit mehr Fantasie besser vorstellen, wie es wäre, ein Maler oder Schreiber zu sein.«

Fantasie könnte man auch einfach Vorstellungskraft nennen. So wie jeder gesunde Mensch Seh- und Hörkraft hat, so hat auch jeder eine Vorstellungskraft. Manche haben Augen wie ein Falke, andere sehen nicht so gut. Manche haben Ohren, die noch das leiseste Ticken einer Uhr hören können, andere hören nicht einmal den Wecker klingeln. Dass jemand mehr sieht, hört oder sich vorstellen kann, ist vielleicht ganz schön, aber es ist weder gut noch schlecht in sich selbst. Jemand mit großer Fantasie, der die erstaunlichsten Welten mit Worten, Bildern oder Musik erschaffen kann, hat nicht mehr Probleme mit den Affen der Fantasie, sondern eher weniger. Ein guter Fantast lebt nämlich meist in Frieden mit seinen Affen der Fantasie; sie stören nicht, sondern helfen. Er ist der Boss.

Falls die Affen der Fantasie in deinem Geist für Unruhe sorgen und deine Gelassenheit mit immer neuen Ideen und absurden Einfällen stören, liegt das nicht unbedingt daran, dass du »zu viel Fantasie« hättest. Du brauchst nämlich nicht viel Fantasie, um dich in Tagträume zu flüchten.

Diese Tagträume, diese bunten Vorstellungen darüber, wie die Dinge sein könnten, sein sollten oder nicht sein dürfen, all die »besseren Welten«, die wir in unserem Kopf erschaffen, können uns sehr viel Energie und jede Klarheit rauben.

»Was würde ich alles tun, wenn ich ein paar Millionen im Lotto gewönne!« – »Ach, wenn ich ein berühmter Filmstar wäre, dann könnte ich tun, was ich will, und den Leuten meine Meinung sagen.« – »Wenn ich vor dem Bundestag stünde, würde ich …« – »Wenn ich Superkräfte hätte, dann …«

Tagträume können sehr hilfreich sein. Sie helfen dir zu erkennen, wie du dich fühlen könntest, wenn nur die äußeren Umstände stimmen. Und dann musst du nur noch verstehen, dass es nicht wirklich äußere, sondern *immer* innere Umstände sind, die dich davon abhalten, deinen Herzenszielen zu folgen. Deine Herzensziele sind die, die keiner weiteren Begründung bedürfen, die in sich wertvoll für dich sind. Es sind die Ziele, die nicht die Form haben: »Ich will dieses Ziel erreichen, um zu …« Für deine Herzensziele gibt es kein »… um zu …«. Oder kannst du dir eine Fortsetzung dieses Zieles vorstellen: »Ich will glücklich sein, um zu …«?

Wenn deine Tagträume lediglich eine Flucht aus dem grauen Alltag sind, wird es problematisch – dann beginnen die Affen der Fantasie, dein Leben zu beeinträchtigen. Auf der Flucht zu sein, ist nie angenehm – selbst dann, wenn es die Flucht ins Paradies ist.

Sprach der Rabe: »Wenn du keine Träume hast – wie könnten sie je wahr werden? Wenn du in deine Träume flüchtest – wie könntest du je wirklich Frieden finden?«

Die Affen der Vergangenheit

Wir sind nicht von Anfang an wir selbst. Wir werden. Ein Baby hat schon Gefühle, es lernt in unfassbarem Tempo, aber es hat erst einmal kein Ich-Gefühl. Das leuchtet dir vielleicht nicht sofort ein, doch es gibt eine ganze Reihe psychologischer Tests, die das zeigen. Am einfachsten ist es wohl daran zu sehen, dass ein Baby sich im Spiegel nicht erkennt. Wie auch, wenn es noch kein Ich entwickelt hat? (Was übrigens nicht heißt, dass Babys nicht ihre ganz eigene Persönlichkeit hätten!) Und auch, wenn das Kind – mit etwa eineinhalb Jahren – erkennt, dass es einen ganz besonderen Standpunkt, nämlich »Ich«, gibt, ist die Entwicklung damit keineswegs zu Ende. Wir können unser ganzes Leben lang wachsen und zu denen werden, die wir wirklich sind. Tag für Tag.

Wie ein Baum wachsen wir. Das Wetter und die Stürme des Lebens formen uns. Wir strecken unsere Äste zum Himmel, um dem Licht entgegenzuwachsen und uns auszubreiten. Und wir wurzeln in der Vergangenheit. Das, was wir erlebt haben, hat uns geformt. Wenn du in der Vergangenheit etwas Schlimmes erlebt hast, ist das in gewisser Weise ein Teil von dir. Aber: Du *bist* nicht die Vergangenheit. Du bist, wie du mit deiner Vergangenheit und deinen Erfahrungen hier und jetzt umgehst.

Herr K. geriet ins Grübeln und sagte: »Ich glaube, ich kann meiner Mutter nie verzeihen, was sie mir angetan hat.«

Der Rabe sah Herrn K. eine Weile an und sprach dann: »Nein, das können Sie natürlich nicht, wenn Sie Ihre Frau Mama ständig mit sich im Kopf herumtragen. Das muss ja furchtbar anstrengend sein.«

Herr K. wurde ein wenig rot. »Ja, ich verstehe schon, was Sie mir sagen wollen. Aber ich bin eben noch nicht so weit, das loszulassen.«

Der Rabe schüttelte den Kopf. »Kann es wirklich je zu früh sein, es sich leichter zu machen?«

Das Treiben der Affen der Vergangenheit dreht sich in der Regel um ein Problem: »Wie konnte das geschehen?« Wir wollen die Antwort darauf finden, um uns selbst zu finden. Wir wollen das Problem »aufarbeiten«. Doch ist das Wiederholen des Unangenehmen, vielleicht sogar Furchtbaren, das man erlebt hat, wirklich ein Aufarbeiten? Nein: Wir verstärken das Geschehene dadurch nur und identifizieren uns umso mehr damit. So machen wir uns damit selbst zum Problem.

Es ist wenig hilfreich, wenn du unangenehme Gefühle aus der Vergangenheit in die Gegenwart holst und dir dadurch die Möglichkeit raubst, im Jetzt zu sein. Das hilft dir weder dabei, das Geschehene ungeschehen zu machen, noch das Unangenehme loszulassen oder gar dich selbst zu finden.

Natürlich ist es gut, alte Verhaltens-, Denk- und Gefühlsmuster, die auf dein Erleben in der Vergangenheit zurückgehen, nicht einfach unter den Tisch zu kehren. Der Tisch ist schließlich immer noch in deinem Haus und der Dreck unter dem Tisch bleibt Dreck. Echtes Aufarbeiten aber heißt, den Dreck zusammenzukehren und ihn dort zu entsorgen, wo er hingehört: in den Mülleimer. Echtes Aufarbeiten heißt, einen anderen Blickwinkel, aus der Stärke deines jetzigen Ichs, einzunehmen, dein inneres Kind zu trösten und zu bestärken, zu verzeihen und damit deine Vergangenheit zu verändern.

Herr K. schüttelte den Kopf. »Die Vergangenheit steht fest. Die kann ich doch nicht ändern!«

»Wo ist sie denn, die Vergangenheit?«

»Wie – wo ist sie? Was soll denn das heißen? Was geschehen ist, ist nun einmal geschehen!«

»Ja, das mag wohl so sein. Sicher bin ich mir da nicht. Ganz sicher bin ich mir aber, dass nicht das, was geschieht, von Bedeutung ist, sondern wie Sie es betrachten. Und ich bin mir auch sicher, dass die Vergangenheit nicht hier ist. Sie ist in Ihrem Kopf.«

In der Tat: Wo ist die Vergangenheit, außer in deinem Kopf? Du bist ein Zeitreisender: Aber dein Zug fährt in Richtung Zukunft, auch wenn du zum letzten Abteil gehst. Du kannst immer nur in die Zukunft reisen, ganz egal, wo du dich hinsetzt. Die Vergangenheit, das sind deine Erinnerungen, die du jetzt in der Gegenwart hast. Und selbst wenn deine Erinnerungen sehr plastisch sind: Die Vergangenheit, die du in deinen Erinnerungen aufleben lässt, ist nichts, woran du dich wirklich festhalten könntest.

Vielleicht entspricht das nicht deiner Intuition und vielleicht ist diese Sichtweise auch ungewohnt für dich, aber deine Erinnerungen, so deutlich sie auch sein mögen, sind keine Videoaufnahmen deiner Gedanken und Gefühle. Sie sind *immer* rekonstruiert.

Eine kanadische Psychologin hat dazu ein aufsehenerregendes Experiment gemacht, das zeigt, wie Erinnerungen »implantiert« werden können; und zwar so stark, dass es den Versuchspersonen unmöglich war, sich *nicht* daran zu erinnern. Und das war viel einfacher, als man denken mag: Die Versuchspersonen wurden gefragt, ob sie sich daran erinnern könnten, wie sie als Kind in einem Einkaufszentrum verloren gingen. Die Teilnehmer konnten sich nicht erinnern; wie auch – es war ja nie geschehen. Und das wussten sie auch und bestritten, sich je in einem Einkaufszentrum verlaufen zu haben. Über viele Sitzungen hinweg stellte die Psychologin immer wieder die Frage. Nach einer Weile sagten schließlich alle Versuchspersonen, dass es *vielleicht* tatsächlich geschehen war, aber dass sie sich wirklich nicht erinnern könnten. Aber ja, doch … irgendwie käme es ihnen bekannt vor. Nach ein paar weiteren Sitzungen konnten sie sich *ungefähr* erinnern. Und es dauerte nur noch wenige Sitzungen, und siehe da: Ihre Erinnerung »kam wieder«. Auf einmal konnten sie sich ganz genau erinnern, wie sie geweint hatten, ja sogar was die Verkäuferin, die sie tröstete, angehabt hatte, wie die Eltern über Lautsprecher ausgerufen wurden und wie sie den Eltern schließlich glücklich in die Arme fielen.

Aber wohlgemerkt: All das war nie passiert! Als die Versuchsteilnehmer anschließend über das Experiment aufgeklärt wurden, lachten sie und glaubten der Psychologin kein Wort. Sie konnten sich schließlich absolut deutlich erinnern …

Tja – offensichtlich täuschen unsere Erinnerungen. Die Vergangenheit steht nicht so fest, wie wir es gern glauben. Die objektiven Ereignisse kann man klären. Vielleicht gibt es sogar Videos oder Aufzeichnungen. In vielerlei Hinsicht macht es also schon Sinn zu sagen, dass diese Dinge feststehen. Was es aber *nie* gibt, sind feststehende, nicht veränderbare Aufnahmen der Gefühle und Gedanken. Alle Gefühle und Gedanken, die die Vergangenheit betreffen, hast du *jetzt*! Was du fühlst, fühlst du jetzt, in der Gegenwart.

Die Affen der Vergangenheit praktizieren oft das falsche »Aufarbeiten«. Sie ziehen dich nur in alte Gedanken und Gefühle hinein, die du jetzt erlebst. Sie arbeiten aber nicht wirklich und lösen auch keine Probleme. Sie stören nur.

Nun muss das nervige Treiben der Affen der Vergangenheit nicht unbedingt mit schlimmen Erfahrungen zusammenhängen. Das klappt auch mit schönen Erfahrungen – wenn man nur falsch genug mit ihnen umgeht. Die meisten von uns denken manchmal sehnsüchtig an die Vergangenheit: an ein Weihnachtsfest, das wir als Kind erlebt haben, das voller Wunder und Spannung und Staunen war. Das Baden im Sommer im See, voller Abenteuer. Die erste Liebe, die so unvergesslich geblieben ist …

Das alles sind ganz wunderbare »Referenzerfahrungen«, an denen wir sehen können, welche Glückszustände uns an sich möglich sind. Sie helfen uns, uns besser zu fühlen. Sie helfen uns außerdem dabei, uns zu orientieren und uns wertvolle Herzensziele zu setzen.

Ganz und gar nicht hilfreich ist es hingegen, wenn sich die Affen der Vergangenheit an diese schönen Zeiten klammern. »So schön war es damals – so schrecklich öde ist es jetzt ... Ach, wäre doch … Ach, hätte ich … Früher war alles besser …«

Die Sehnsucht wird dann zur wirklichen Sucht, zur Flucht in die Vergangenheit, die doch in Wirklichkeit *jetzt* ist – in deinem Kopf.

Sprach der Rabe: »Du wurzelst in der Vergangenheit. Aber weißt du denn nicht, dass auch Wurzeln wachsen?«

Die Affen der Zukunft

Vergangenheit und Zukunft sind sich verdammt ähnlich, selbst dann, wenn sie völlig verschieden sind. Das klingt natürlich ein bisschen gaga. Aber andererseits steht fest: Beide sind nicht real, beide sind nicht greifbar, beide sind weder hier noch jetzt. Beide spielen sich einzig und allein in deinem Kopf ab. Und beide werden von den Affen in deinem Kopf in die Gegenwart gezerrt – wo die Affen allerhand Unsinn mit ihnen anstellen. Wenn wir an das denken, was demnächst oder später mal passieren könnte, ist das oft mit Angst und Sorgen verbunden. Dann fürchten wir uns vor der Zukunft. Oder aber wir sind ständig mit Planen beschäftigt. Während wir immer nur diesen einen Schritt tun können, ist unser Kopf schon drei oder vier Schritte weiter. Die Gegenwart, in der wir nun einmal leben, verpassen wir dabei ständig.

Sowohl Vergangenheit als auch Zukunft dienen uns oft dazu, aus der Wirklichkeit zu fliehen. Aus einer unangenehmen Gegenwart kann man sich ja auch sehr gut in Fantasien, in die Vergangenheit oder aber eben in die Zukunft flüchten. Manchmal ist so eine kleine Flucht ja auch völlig in Ordnung. Sie kann wie ein kurzer Urlaub sein, aus dem man etwas Schönes mitbringt; wie ein mentaler Ausflug, der uns hilft, uns zu entspannen, und der uns inspiriert.

»Irgendwann«, seufzte Herr K., »irgendwann wird bestimmt alles besser …«

Der Rabe klapperte mit dem Schnabel und sagte: »Ich weiß nicht, ob ich da gerade Zeit habe. Wie wäre es, mit dem Irgendwann gleich jetzt anzufangen?«

Du kannst von Trips in die – vorgestellte! – Zukunft gute Gefühle, Motivation und Orientierung mitbringen. Das ist toll. Diese Fähigkeit, sich vorzustellen, was später mal passieren wird, haben, soweit wir wissen, nur Menschen. Nutze diese Fähigkeit! Wenn du dir eine positive Zukunft ausmalst und deine Vision verfolgst, wird das deine Entwicklung enorm fördern und dich irgendwann ans Ziel deiner Sehnsucht bringen.

Leider wird die Fähigkeit, eine »Probezukunft« zu besuchen, jedoch sehr oft missbraucht. Und zwar dann, wenn die Affen der Zukunft dich dazu bringen, mehr und mehr in die Fantasiezukunft zu flüchten und dein Leben im Hier und Jetzt zu vergessen. Dann kommst du nicht krafterfüllt, sondern erschöpft von deinen Zukunftstrips zurück – ganz ohne neue Inspirationen oder andere schöne Andenken.

Wir haben die geradezu wunderbare Möglichkeit, unsere Handlungen im Kopf auszuprobieren und Konsequenzen abzuschätzen. Wir *können* das nicht nur, wir *müssen* das Tag für Tag tun. Es ist in vielerlei Hinsicht sogar das, was uns Menschen ausmacht: Wir können im Kopf Zeitreisen machen. Stell dir vor, dass du dir die Zukunft nie, wirklich nie vorstellen könntest, dass du nie über Konsequenzen nachdenken, Ziele verfolgen oder planen könntest … Auf kurz oder lang würdest du garantiert in der Psychiatrie landen. Selbst vollkommen Weise oder Erleuchtete, die im absoluten Einklang mit sich selbst und der Welt sind und sich von ihrer Intuition leiten lassen, können immer noch ihren Tag planen und wissen, dass sie heute Holz hacken müssen, wenn sie es morgen warm haben wollen.

An die Zukunft zu denken, ist an sich nicht verkehrt – es kommt nur auf das Maß und auf das Wie an. Wenn du deine Fähigkeit, in der Zukunft probezuwohnen, als Flucht missbrauchst, wird dir das auf Dauer nicht guttun und es dir schwer machen, in deinem Alltag Fuß zu fassen.

Besser ist es, Zukunftsfantasien gezielt zu nutzen. Zum Beispiel kannst du dir einmal verschiedene Möglichkeiten vorstellen, wie die Zukunft verlaufen könnte. Probiere in deinem Geist unterschiedliche Varianten aus. Lass dich inspirieren und motivieren. Sieh dir an, was deine Ziele dir bringen könnten, wie es sich anfühlen könnte, ein Ziel erreicht zu haben. Oder bereite dich mental auf dein Lebensende vor. Auch das ist eine Möglichkeit, deine Vorstellungskraft zu nutzen, denn sie hilft dir dabei, auf intensivere Weise zu leben – sodass du später einmal möglichst wenig bereust. Aber nie, wirklich nie, solltest du die virtuelle Zukunft in deinem Kopf mit der Realität verwechseln. Das kann aber leider leicht passieren, wenn die Affen der Zukunft ausrasten.

Und es kann noch schlimmer kommen. Nämlich dann, wenn die Affen der Zukunft und die Sorgen-Affen zusammenarbeiten – sie sind ja ohnehin eng miteinander verwandt. Wenn sie dich dazu bringen, die Zukunft nicht mit Schönem, Angenehmem und Motivierendem zu verbinden, sondern immer das Schlimmste, Hässlichste und Unangenehmste zu sehen. Die Affen der Zukunft verbünden sich gern mit anderen Affen – vor allem mit den Angst-Affen, den Sorgen-Affen und den Affen der Fantasie.

Herr K. hatte tiefe Sorgenfalten auf der Stirn. »Wenn ich in die Zukunft sehe, sehe ich schwarz«, raunte er.

»Also bleiben Sie deshalb lieber stehen?«, fragte der Rabe interessiert.

»Ja, das ist sicherer. Sonst stolpere ich nur ins Dunkel, renne gegen die Wand oder stürze in einen Abgrund.«

Der Rabe schüttelte energisch seine Federn. »Aber wissen Sie denn nicht, dass Sie sich auch bewegen, wenn Sie stehen bleiben? So können Sie der Zukunft nicht entkommen!«

»Sie sind lustig«, sagte Herr K., klang dabei jedoch gar nicht belustigt. »Natürlich kann man der Zukunft nicht entkommen!«

Der Rabe lachte. »Oh doch! Bleiben Sie einfach in der Gegenwart!«

Wir leben in der Gegenwart. Nur dort. Wenn wir aber in der Gegenwart nur Vergangenheitserinnerungen wiederholen oder Zukunftsfantasien visualisieren, bringen wir unser Leben zum Stillstand.

Die Fragen, die die Affen der Zukunft stellen, lauten: »Wohin gehe ich? Wie wird alles werden?« Das sind an sich gute Fragen. Doch wenn wir sie nicht beantworten, drehen wir uns gedanklich immerzu im Kreis. Dann bleiben wir stehen, bewegen und entwickeln uns nicht und werden vom Strom der Zeit mitgerissen.

Sprach der Rabe: »Ich weiß nichts über die Zukunft. Ist es da nicht das Beste, mit offenen Augen, ruhigem Herzen und mit Staunen vorwärts zu gehen und zu sehen, was kommt, ohne Furcht und ohne Erwartungen?«

Die Affen der Gier

Jeder von uns will irgendetwas haben. Für die meisten Menschen auf dieser Erde ist das einfach nur sauberes Wasser, etwas zu essen, ein Dach über dem Kopf und Sicherheit. Kein Wunder – das sind ja auch unsere Grundbedürfnisse. In unseren Breiten ist man da jedoch meist wesentlich anspruchsvoller. Da »brauchen« wir schon mal Champagner, Kaviar und eine Villa am See. An sich ist das auch kein Problem, solange unsere Wünsche nicht zu einer Obsession oder Sucht werden. Und so lange andere nicht darunter leiden. Dann spricht eigentlich nicht viel dagegen, ein angenehmes oder sogar luxuriöses Leben zu genießen. Solange du den Luxus jedenfalls tatsächlich *genießt* und nicht davon abhängig bist.

Allerdings gibt es auch Gefahren, die wir nicht übersehen sollten. Habgier kann leicht dazu führen, dass wir überproportional Ressourcen verbrauchen und keine Zeit finden, uns selbst und unsere Herzensziele zu verwirklichen, da wir dauernd dem Haben hinterherhetzen. Gefühle wie Wertschätzung und Dankbarkeit bleiben dabei schnell auf der Strecke. Doch ganz gleich, wie viele und wie große Wünsche du hast: Solange es dir leichtfällt, auf diese Dinge auch zu verzichten, und du nicht den Blick für die Realität verlierst, ist im Großen und Ganzen alles in Ordnung.

Leider werden Gier, Wünschen und das Habenwollen jedoch bei sehr vielen von uns leicht zu einer Sucht. Wenn du die Gedanken ans Haben nicht mehr unter Kontrolle hast, sondern sich all dein Handeln und Streben nur noch um »mehr haben« dreht, bist du süchtig – habsüchtig. Die Gier-Affen haben dir dann ihr Geistesgift eingeflößt. Und leider ist das Geistesgift der Gier genauso schädlich und abhängigkeitserzeugend wie Heroin, auch wenn die Droge der Habsucht bei uns »normal« und Heroin verboten ist.

Herr K. schüttelte den Kopf. »Nein. Gier ist doch etwas ganz Natürliches und Menschliches. Wo wären wir ohne das Streben nach mehr?«

»Nun, zumindest würden wir nie mit geplatztem Magen im Krankenhaus liegen. Aber mal im Ernst: Ohne das Streben nach immer mehr hätten wir vielleicht eher Zeit für das Wesentliche.«

»Ach ja? Und wer entscheidet denn, ob etwas wesentlich ist?«

»Nun, das ist ganz einfach. Stellen Sie sich vor, Sie lägen im Sterben. Das, von dem Sie sagen: ›Ich bin von Herzen froh, dass ich das gemacht habe‹, oder: ›Ach, hätte ich doch nur …‹ – das ist das Wesentliche.«

Ist dir der Begriff aufgefallen? Was sind denn bitte »Geistesgifte«? Auf der Roten Liste stehen die ja nicht. Dafür aber oft in buddhistischen Schriften. Und »Geistesgift« ist tatsächlich ein sehr treffender Begriff für die schädlichsten Einflüsse auf unseren Geist – für all die Faktoren, die uns daran hindern, glücklich, achtsam und mitfühlend zu sein. Es gibt natürlich vieles, was uns schaden kann, doch im Endeffekt sind alle Faktoren immer auf drei Hauptgifte zurückzuführen: Verwirrung, Hass und … Gier.

Gier ist mehr, als nur etwas haben zu wollen. Die Gier-Affen können den Hals nicht voll genug kriegen. Das Leben von Menschen, die sich von ihrer Gier leiten lassen, dreht sich nicht nur ums Habenwollen, sondern um die Frage: »Wie bekomme ich noch mehr?«. Egal wie. Egal, wie die Konsequenzen aussehen. Hauptsache, mehr, mehr, mehr …

Da es immer ein »Mehr« geben wird, ganz gleich, wie viel du schon besitzt, heißt das auch, dass du nicht zufrieden sein kannst, solange die Affen der Gier deinen Geist besetzen.

Natürlich ist es ganz normal, dass wir immer wieder etwas wollen oder zu brauchen glauben. Das fängt ja schon bei sehr kleinen Kindern an. Und setzt sich später je nach Veranlagung mehr oder weniger stark fort. Solange wir nicht tot oder erleuchtet sind, hört unser Begehren nicht so leicht auf. Irgendetwas fehlt uns immer: ein neues iPhone, Geld, Macht, Schokolade, gute Freunde, eine liebevolle Beziehung oder Gelassenheit. Das ist auch alles okay, wenngleich du sicher sofort erkennen wirst, dass es durchaus sinnvollere und weniger sinnvolle Wünsche gibt.

Gier wird erst dann gefährlich, wenn dir der Wunsch nach mehr deinen Seelenfrieden raubt und alles andere überstrahlt. Dann toben die Affen der Gier in deinem Kopf und vergiften deinen Geist. Ob du dabei nach Aktiengewinnen, Schokotörtchen, Alkohol oder Anerkennung gierst, macht keinen so großen Unterschied.

Selbst wunderbare Dinge werden dir dann Probleme bereiten. Beispielsweise eine liebevolle Beziehung. An einer liebevollen Beziehung ist natürlich nichts falsch. Doch wenn du einsam bist und alle deine Gedanken nur noch darum kreisen, wie du einen Partner findest, wenn du glaubst, dass dein ganzes Glück davon abhängt, deinen Prinzen oder deine Prinzessin zu finden, wenn du schließlich nicht mehr schlafen kannst, dich minderwertig fühlst oder dich zu bedauern beginnst – dann tut das Geistesgift der Gier seine Wirkung und die Gier-Affen haben die Schlacht gewonnen.

Wenn dich die Affen der Gier und des Habenwollens öfter heimsuchen, als dir lieb ist, solltest du damit beginnen, sie zu zähmen. Dazu werden wir dir nachher ein paar wirkungsvolle Möglichkeiten zeigen. Aber vorerst geht es nur einmal darum, sie kennenzulernen. Oder überhaupt erst einmal zu merken, was sie da in deinem Kopf für Unsinn anstellen. Wo und wann neigst du am ehesten dazu, Gier zu entwickeln? Was glaubst du, unbedingt haben zu müssen, um glücklich sein zu können? Was »fehlt dir«? Sieh dir das genau an. Allein, indem du dir Tag für Tag bewusster darüber wirst, wann und wie Begehren in dir aufsteigt, wirst du schon ein klein wenig immun gegen das Gift der Gier werden.

Sprach der Rabe: »Wenn ein Gieriger nicht das ganze Universum besitzt, dann fehlt ihm etwas. Und wenn er dann doch das ganze Universum besäße, wäre er unzufrieden, kein zweites Universum zu haben.«

Die Affen des Hasses

Wir haben anfangs über die Affen des Ärgers gesprochen. Die können schon recht lästig werden. Aber ihre weitaus mächtigeren Verwandten, die Affen des Hasses, sind noch sehr viel schlimmer. Ebenso wie die Affen der Gier vergiften auch sie deinen Geist. Und Hass ist ein starkes Gift. Wahrscheinlich sogar stärker als das Gift der Gier. Doch wenn du nur die Wahl zwischen Pest und Cholera hast, ist es ohnehin am besten, dich deiner Stimme zu enthalten …

Wir betonen die Gift-Metapher ganz bewusst. Wenn dir nämlich wirklich richtig klar wird, dass Hass deinen Geist tatsächlich vergiftet, dir unendlich schadet und nicht nur dich selbst und dein Herz, sondern auch deine Beziehungen zerstört, wirst du wahrscheinlich feinere Antennen für die Affen des Hasses entwickeln. Und je achtsamer du ihr Treiben wahrnehmen kannst, desto weniger können sie dir anhaben.

Wenn du sagst: »Ich hasse es, wenn es kalt ist und regnet«, oder: »Ich hasse diese blöde Fernsehsendung«, dann hat das natürlich nicht wirklich etwas mit Hass zu tun. Das weißt du wahrscheinlich selbst. Echter Hass will aktiv zerstören. Das wird beim Regen oder einer albernen Fernsehserie wohl kaum der Fall sein, selbst wenn sie dich noch so nervt.

Hass und die anderen Geistesgifte haben eines gemeinsam: Sie rauben dir die Kontrolle über dein Leben. Du verlierst dich selbst.

Gier bedeutet den Verlust über die Kontrolle deiner Wünsche.

- Verwirrung (über die wir gleich sprechen werden) verursacht den Verlust an Kontrolle über dein Denken.

- Hass führt zum Verlust an Kontrolle über deine Gefühle.

Herr K. dachte ein wenig nach. Dann sagte er: »Ich hasse nur sehr wenig Menschen. Aber es gibt so grausame und schlechte Menschen – die hasse ich von ganzem Herzen.«

Der Rabe sah Herrn K. traurig an. »Das ist ein wenig so, als folgten Sie einer Hyäne mit einem großen Sack, in den Sie alles stopfen, was die Hyäne übrig lässt. Der Sack stinkt und wird immer schwerer ...«

Herr K. sagte ärgerlich: »Ja und, was schlagen Sie vor? Soll ich etwa nicht nachtragend sein? Soll ich etwa Grausamkeit und Bosheit ignorieren und resignieren?«

»Aber nein, natürlich sollen Sie nichts ignorieren und auch nicht resignieren. Aber werfen Sie doch bitte diesen ekligen Sack weg!«

Das Gefährliche an den Geistesgiften ist, dass sie sich erst einmal beinahe gut anfühlen – das ist ganz ähnlich wie beim Rauschgift. Hat einen ein Geistesgift erwischt, ist man wie berauscht. Die Gier berauscht sich am endlosen Raffen, an dem Gefühl, bedeutsamer als andere zu sein und immer mehr zu besitzen. Die Verwirrung berauscht sich an unsinnigen Ideen, die einem das Gefühl vermitteln, etwas Besonderes zu sein und Einblick in Dinge zu haben, die anderen verborgen sind. Und der Hass? Der berauscht sich an Blut. Er fragt nur: »Wie kann ich das vernichten?« – und das Vernichten des vermeintlichen Feindes, des vermeintlichen Bösen ist der Rausch der Macht. Doch ähnlich wie bei suchterzeugenden Rauschgiften mündet der Rausch in Ernüchterung, verlangt nach mehr und endet schließlich in Verzweiflung und Frust.

Vielleicht hat dir jemand ja irgendwann einmal etwas sehr, sehr Schlimmes angetan. Dass die Affen des Hasses dann deinen Geist beherrschen, ist kein Wunder. Das ist an sich verständlich. Doch dass es »verständlich« ist, heißt noch lange nicht, dass es auch nur ansatzweise gut wäre und dass du das nun einfach akzeptieren solltest. Sogar brutale Mörder kann man manchmal noch verstehen, solange man nur genug Empathie hat – ihre Taten werden wir deshalb aber natürlich dennoch nie akzeptieren.

Hass zu empfinden macht dich nicht zu einem schlechten Menschen. Dass die Affen des Hasses dich manchmal im Griff haben, hat seine Gründe – daran bist du nicht »schuld«. Doch die Affen sind sehr stark und deshalb leidest du selbst am meisten darunter, auch wenn du es oft nicht merkst. Vielleicht malst du dir aus, wie es ist, deinen Feind zu vernichten oder Dinge zu zerstören. Das verschafft dir eine gewisse Befriedigung. Aber tief in deinem Herzen weißt du, dass Hass dich niemals wirklich zufrieden machen wird.

Das kannst du leicht nachprüfen: Stell dir einmal probeweise vor, du hättest deinen Hass ausgelebt und das, was du hasst, vernichtet. Stell dir aber nicht die Tat, sondern die Auswirkung, nicht die Schlacht, sondern das Schlachtfeld, nicht die Rache, sondern die Zeit danach vor. Glaubst du wirklich, dass du in Anbetracht der vielen »Leichen« glücklich und zufrieden bist?

In seinem Wesen ist dein Geist ruhevoll, friedvoll und unendlich offen und weit. Lass nicht zu, dass Hass ihn vergiftet.

Jede Rache, die du dir ausmalst, ist nur eine kurzfristige, scheinbare Erleichterung; so wie eine Heroinspritze für den Süchtigen zunächst eine Erleichterung ist, oder die seltsame Befriedigung, die man vielleicht spürt, wenn man den Schorf von einer noch nicht verheilten Wunde abreißt.

Wie viel leichter ist es doch, die Hassgedanken loszulassen und die Hass-Affen zu beruhigen, als sie immer weiter zu füttern. Leicht ist das aber nur, wenn du auch weißt, wie man es anstellt. Wir werden später noch darauf zu sprechen kommen, wie du konkret vorgehen kannst. Erst aber ist es sehr wichtig, dass du die Geistesgifte, und gerade auch die Hass-Affen, möglichst schnell und klar erkennst, sobald sie anfangen, in deinem Kopf zu tanzen und dich dazu zu überreden, Gewalt anzuwenden. Je schneller du sie dann beruhigst, desto einfacher ist es. *Principiis obsta, sero medicina paratur* heißt es bei Ovid: »Widerstehe im Anfang, zu spät wird sonst das Heilmittel bereitet.« Und gerade dem Geistesgift des Hasses solltest du von Anfang an keine Chance geben, deine Gedanken und Gefühle zu vergiften.

Sprach der Rabe: »Mit Hass etwas zum Guten wenden zu wollen, ist, wie sein Haus anzuzünden, um den Winter zu vertreiben.«

Die Affen der Verwirrung

Das dritte Geistesgift ist das Gift der Verwirrung. Verwirrung muss keine Geisteskrankheit sein, keine echte Wahnvorstellung im medizinischen Sinn, ja noch nicht einmal eine Desorientiertheit – oft ist sie sogar das Gegenteil! Und doch ist es ein Gift, dass alle anderen Gifte verstärkt oder sogar überhaupt erst aktiviert. So gesehen könnte man sagen, dass Verwirrung vielleicht sogar das schlimmste der Geistesgifte ist.

Aber was heißt »Verwirrung« nun eigentlich? Bist du jetzt verwirrt? Kein Wunder. Da bedarf es schon einer Erklärung. Wir alle sind ja dann und wann ein wenig verwirrt. Das ist kein Drama und ganz normal. Wenn wir etwas begegnen, das wir noch nicht kennen oder das dem, was wir zu kennen glauben, widerspricht, fällt es uns eben schwer, die Dinge klar zu sehen.

Sicher kennst du das – beispielsweise beim Thema »Ernährung«. Da gibt es ja alle möglichen Theorien und Thesen, die sich gegenseitig widersprechen. Woran sollst du dich da bloß halten? Du hast vielleicht etwas über eine Ernährungslehre oder eine Diät gehört, glaubst nun zu wissen, was gut für dich ist und was schadet – und dann kommt plötzlich einer und behauptet etwas anderes. Natürlich verwirrt dich das. Und es ist ja letztlich sehr schwer, die »Wahrheit« herauszufinden.

Die Affen der Verwirrung werden aber nicht nur aktiv, wenn du dich zu bestimmten Themen informierst oder dir die Statements verschiedener Politiker oder Kommentatoren antust. Besonders dann, wenn du auf der Suche nach Sinn bist, verlierst du schnell den richtigen Weg aus den Augen. Im Endeffekt sind wir ja alle auf der Suche nach Sinn und Glück. Und an Leuten oder Theorien, die dir erklären, was der Sinn des Lebens ist, mangelt es nicht. Woher sollst du wissen, wer recht hat? Du glaubst an etwas – und dann hörst du etwas völlig anderes und bist verwirrt.

Die Affen der Verwirrung tun dann so, als würden sie dir helfen. Sie klammern sich an eine »Erklärung«, die dir einleuchtet. Und dann fühlst du dich weniger verwirrt und der Boden unter deinen Füßen, der etwas zu schwanken begann, wird wieder fest. Das fühlt sich natürlich ganz gut an. Aber dann kommt jemand, und was er sagt, droht deine Welt erneut ins Schwanken zu bringen. Die konfusen Affen im Kopf beginnen zu rasen – und das fühlt sich dann leider gar nicht mehr gut an.

Vielleicht kennst du auch Menschen, die einer bestimmten Lehre, einer Religion, einer Philosophie oder Ernährungs- und Lebensweise folgen, die dir etwas seltsam vorkommt. Und es kann gut sein, dass du mit deinen Bedenken ziemlich richtigliegst. Manche Erklärungen der Welt scheinen geradezu absurd, wenn man sie von einem anderen Standpunkt aus betrachtet. Gibt es denn aber überhaupt so etwas wie »Objektivität«, also etwas, an das du dich halten kannst und das dir Sicherheit gibt?

Die Affen der Verwirrung sagen schnell: »Ja klar, gibt's!« Und sie haben insofern recht, als es selbst für die verrücktesten Vorstellungen vernünftige Erklärungen gibt. Der »Trick« hinter diesen scheinbar sinnvollen Erklärungen ist,

- dass sie mühelos zu verstehen sind,
- dass sie sich gegen andere Erklärungen immunisieren und
- dass sich die, die an sie glauben, auserwählt fühlen – und wer würde das nicht gern?

Viele Erklärungen, die wir heute zu hören bekommen, funktionieren nach diesem Muster. Und ganz besonders gilt das für die vielen verschiedenen Verschwörungstheorien, die heute so in Mode sind. Aber sind es denn überhaupt »Verschwörungstheorien«? Nur dann, wenn du nicht an sie glaubst. Sonst klingen sie manchmal ganz vernünftig …

Herr K. sah den Raben verzweifelt an. »Die Menschen sind so dumm. Sie sind wie Schafe. Ein Freund von mir folgt einer völlig verrückten Idee – und wenn ich versuche, ihn davon abzubringen, lächelt er nur geheimnisvoll und meint, er wisse schon, dass die Regierung alles versuche, um die Wahrheit zu vertuschen. Das macht mich wahnsinnig. Was kann man da tun?«

»Müssen Sie denn etwas tun? Wer weiß, vielleicht hat er ja recht. Was für ein Glück für ihn, dass gerade er dieses Wissen hat und immun gegen die Manipulation der mächtigen Regierung ist.«

»Oh nein, nicht auch Sie noch! Sagen Sie nicht, dass Sie diesen Unsinn auch glauben …«

Der Rabe schüttelte sich. »Nein. Wenn ich etwas nicht weiß, wie kann ich es glauben oder nicht glauben?«

Eine Verschwörungstheorie und jeder Glaube, der etwas auf sich hält, immunisiert sich. Für seine Anhänger ist jeder, der nicht dasselbe glaubt, ein Opfer, ein Schaf, das die Wahrheit nicht erkennt, weil es manipuliert wird. Und das *könnte* ja sogar stimmen. Wer von uns weiß schließlich alles? Natürlich niemand.

Aber Nichtwissen hält nicht vom Glauben ab. Ganz im Gegenteil. Je weniger man weiß, desto mehr Erklärungen stehen ja zur Auswahl. Wenn es blitzt, denkst du als moderner Mensch wahrscheinlich, dass das etwas mit elektrischen Entladungen zu tun hat – auch wenn du nicht so ganz genau weißt, was da im Einzelnen vor sich geht. Aber ein paar Sachen dazu hast du ja immerhin in der Schule gelernt. Und doch hat es Zeiten gegeben, wo ein Blitz etwas war, dass eine Gottheit, beispielsweise Zeus oder Thor, vom Himmel schleuderte. Da die Leute damals nichts von Elektrizität wussten, kam ihnen das sehr einleuchtend vor.

Aber wie ist es heute? Wenn wir etwas nicht wissen, ist es verständlich, dass wir statt an eine langweilige Theorie doch lieber an etwas glauben, das wir leicht verstehen können und das noch dazu ein wenig Spannung und Abenteuer verspricht. Wenn es uns dann auch noch zum Auserwählten oder Eingeweihten macht, ist das natürlich umso besser!

Menschen, die glauben, dass es der Göttervater Zeus ist, der die Blitze vom Himmel herabschleudert, wenn er mal wieder schlechte Laune hat, muss man heute lange suchen. Aber wie ist das mit anderen Theorien? Mit Homöopathie? Mit Geistern? Mit dem ewigen Leben? Mit Diäten, die Krebs heilen? Mit Medikamenten, die heilen? Mit Ereignissen, die ungeheuerlich sind und für die wir gern Erklärungen hätten?

Wir werden uns hier hüten, Konkreteres zum Thema »Verschwörungstheorien« zu schreiben. Das würde die Affen der Verwirrung nur noch mehr aufbringen. Diese verwirrten Affen haben ja eine durchaus berechtigte Frage, gerade in der heutigen verrückten Welt: »An was kann ich mich halten?«

So leid es uns tut: Wir können da auch keine end- und allgemeingültige Antwort geben, und wir bezweifeln, dass es die überhaupt geben kann. Aber wer weiß?

Stattdessen wollen wir dich fragen: Musst du dich denn überhaupt festhalten? Wäre es nicht vielleicht auch ganz interessant, das Surfen auf den Wellen der Weltanschauungen zu lernen?

Skeptisch zu sein, Fragen zu stellen und zu verstehen, dass man selbst möglicherweise nicht ganz so schlau ist, wie man gern denkt, hilft sehr dabei, die Affen der Verwirrung im Zaum zu halten. Doch auch Skepsis ist keine Immunisierung gegen Verwirrung, denn sie kann genauso gut ein Werkzeug der Verwirrung sein.

»Man sollte nicht einfach alles glauben …« Das stimmt schon. Aber Vorsicht: Wenn das Nichtglauben irgendetwas erklären soll, wenn aus Nichtwissen Schlüsse gezogen werden, dann bist du höchstwahrscheinlich an der falschen Stelle abgebogen. Wenn du ein unbekanntes Flugobjekt siehst und sofort meinst, das seien bestimmt Außerirdische – dann hast du aus dem Unbekannten etwas Bekanntes gemacht. Das UFO ist dann eben kein *unbekanntes* Flugobjekt, sondern etwas, das du erklären kannst. Das ist leicht zu verstehen. Das Unbekannte hingegen logischerweise nicht. Und niemand kann schließlich beweisen, dass es *keine* Außerirdischen waren.

Wenn wir eine Erklärung für das Unbekannte gefunden haben, fühlt sich das auf jeden Fall gut an. Während die anderen noch im Dunkeln tappen, »wissen« wir, was Sache ist. Und im Gegensatz zu allen anderen, »wissen« wir, dass da wohl etwas vertuscht werden soll.

Wer allerdings wirklich wissen will, hat's nicht leicht. Er muss sich umfassend informieren – so umfassend wie Menschen, die das beruflich tun. Er muss die Daten kennen – nicht die Fake News, sondern objektive, nachprüfbare Fakten. Er muss sich nicht nur informieren, sondern auch über das Orientierungswissen verfügen, um verstehen und Argumente gegeneinander abwägen zu können. Seien wir mal ehrlich: Das kann fast niemand. Menschen haben in der Regel ihren Job, sind im Durchschnitt (logischerweise) nicht schlauer als der Durchschnitt und verfügen meist weder über Geheimwissen noch über überragende geistige Fähigkeiten.

Das regt die Affen der Verwirrung an und auf. An was soll man sich denn dann halten? Kann man denn überhaupt etwas glauben? Die einen sagen dies, die anderen das. Ist es also egal, was man glaubt?

Wie so oft ist die einfachste Lösung oft die beste: Akzeptiere, dass du nicht alles weißt und nicht alles wissen kannst.

Und akzeptiere auch, dass du aus deinem Nichtwissen keine Schlüsse ziehen kannst. Du machst dir das Leben viel leichter, wenn du offen bist. Höre dir alles, auch das vielleicht verrückt

Klingende, gelassen an. Entwickle aber auch keine Allergie gegen Dinge, die vernünftig klingen. Lass dich nicht davon beunruhigen, wenn es Menschen gibt, die mehr wissen (und die natürlich trotzdem irren können).

Die Affen der Verwirrung geben Ruhe, wenn du nicht weißt, woran du dich halten sollst, und *trotzdem* nicht verwirrt bist: weil du deinem Herzen folgst.

Eine besonders effektive Methode, die Affen der Verwirrung schlafen zu legen, besteht außerdem darin, zu akzeptieren, dass dein Geist gelegentlich verwirrt und durcheinander ist, wie das bei jedem Menschen manchmal der Fall ist. »Aha, sieh an: Die Affen der Verwirrung …« Und wenn du das erkennst und annimmst, verschwinden die konfusen Affen auch ganz schnell wieder.

Sprach der Rabe: »Mit klarem Geist wird das Herz leicht. Du musst nichts glauben, du musst keine Schlüsse aus Nichtwissen ziehen. Sieh, wie die Wolken ziehen, sieh, wie sich das trübe Wasser klärt, sobald du aufhörst, darin herumzurühren.«

Test: Und welche Lieblingsaffen pflegst du?

Mit dem folgenden Test kannst du ein sinnlich erfahrbares Bild deiner Affen im Kopf machen – dein persönliches »Affogramm«. Denk nicht zu lange über die Fragen nach und antworte spontan. Du kannst dabei nichts »falsch« machen. Kreuze einfach die Antwort an, die am ehesten zutrifft.

Noch besser: Du schreibst auf ein Blatt die Zahlen 1 bis 48 und schreibst dann deine jeweilige Antwort (A, B, C) daneben – dann wird es mit dem Auswerten einfacher und du kannst den Test auch später einmal wiederholen, um zu sehen, was sich verändert hat.

Übrigens: Auf unserer Homepage (www.longschweppe.de) findest du unter »Für Dich → Downloads« den Test, die Auswertungstabelle und die Auswertungsgrafik zum Herunterladen und Ausdrucken.

Und jetzt geht's los. Es sind immerhin 48 Fragen. Das kann ein paar Minuten dauern. Du kannst den Test aber natürlich jederzeit unterbrechen und zu einem späteren Zeitpunkt fortsetzen. Also: Alle Affen, fertig, los …

1. ***Wenn jemand, der mir nahesteht, unterwegs ist, male ich mir oft aus, was Schlimmes geschehen könnte.***

A) Ja, eigentlich immer.
B) Nicht oft.
C) Das tue ich eigentlich nie.

2. *Meine Beziehung zu meinem Partner, meinen Freunden und meiner Familie ist größtenteils harmonisch.*

A) Schön wär's. Im Gegenteil!
B) Das kommt auf die Menschen an. Mit manchen ist es harmonisch, mit manchen habe ich dauernd Stress.
C) Ja.

3. *Was nicht logisch zu erklären ist, ist eine Täuschung.*

A) Ja.
B) Nein, im Gegenteil.
C) Der Satz ergibt für mich nicht viel Sinn.

4. *Meine Gedanken kehren oft in die Vergangenheit zurück.*

A) Ja.
B) Manchmal.
C) Eher selten.

5. *Ich setze mir keine Grenzen, das schränkt mich nur ein. Ich will so viel wie möglich.*

A) Genau.
B) Irgendwann habe ich genug.
C) Ich habe keinen großen Ehrgeiz.

6. *Es gibt schon einiges, was mir Angst macht.*

A) Auf jeden Fall!
B) Weniges.
C) Nein.

7. *Tagträumen ist mein Hobby.*

A) Ja!
B) Manchmal hänge ich Tagträumen nach; aber ich stehe mit beiden Füßen fest auf dem Boden der Tatsachen.
C) Ich handle lieber, statt zu träumen.

8. *Im Großen und Ganzen bin ich mit meinem Leben zufrieden.*

A) Nein, sicher nicht.
B) Na ja, so ganz zufrieden bin ich nicht.
C) Ja, ich kann nicht klagen.

9. *Manche Menschen hasse ich so sehr, dass mir ganz anders wird, wenn ich nur an sie denke.*

A) Ja!
B) Es gibt schon Menschen, die mir ziemlich zuwider sind.
C) Nein, Hass ist mir fremd.

10. *Ich male mir oft meine Zukunft aus.*

A) Ja.
B) Oft nicht, aber manchmal.
C) Selten.

11. *Ich bin von mir nicht gerade begeistert. Ich mag mich nicht, wie ich bin.*

A) Das trifft genau zu.
B) Begeistert nicht, aber ich bin schon okay.
C) Ich finde mich im Großen und Ganzen recht gut.

12. *Ich diskutiere gern – und ich habe ja meist auch recht.*

A) Ja, schon.
B) Ich diskutiere nicht gern, das hat wenig Sinn.
C) Ich weiß nicht, ob ich immer recht habe; wahrscheinlich nicht.

13. *Ich neige dazu, mehr zu essen/zu trinken/ Rauschmittel zu nehmen, als wirklich gut für mich ist.*

A) Ja.
B) Manchmal habe ich so Phasen; aber in der Regel nicht.
C) Nein.

14. ***Wenn mir jemand etwas Gruseliges erzählt, spüre ich das körperlich unangenehm.***
A) Ja, oft.
B) Da muss es schon sehr grausig sein.
C) Nein, das kenne ich nicht.

15. ***Ich fühle mich etwas gestresst, wenn ich daran denke, was ich eigentlich tun sollte, dass ich einiges besser machen könnte, mehr erreichen müsste, oder wenn ich an meine Attraktivität denke.***
A) Nicht nur etwas gestresst …
B) Manchmal.
C) Nein, gar nicht.

16. ***Meine Kindheit hat mich nachhaltig geprägt.***
A) Ja, auf jeden Fall. Wenn meine Kindheit anders gewesen wäre, wäre ich ein anderer Mensch.
B) Ich kann mich schon an ein paar Dinge erinnern, die mich heute noch emotional berühren.
C) Wahrscheinlich schon; wie andere wichtige Zeiten auch – etwas Konkretes fällt mir aber nicht ein.

17. ***Ich mache mir oft Gedanken, wie ich bei anderen ankomme.***
A) Allerdings.
B) Nur bei wichtigen Menschen.
C) Nein.

18. ***Im Vergleich zu meinen Wunschvorstellungen ist mein tatsächliches Leben eher öde.***
A) Stimmt leider.
B) Mein Leben könnte spannender sein; aber Träume sind nur Träume.
C) Nein. Wenn ich eine Vorstellung habe, versuche ich, sie zu verwirklichen.

19. Ich glaube an Dinge, die natürlich nicht zu erklären sind.

A) Ja.
B) Vielleicht, ich bin mir nicht sicher.
C) Nein.

20. Man weiß nie, was morgen oder in einem Jahr ist. Das beunruhigt mich.

A) Klar, das ist ja auch beunruhigend.
B) Manchmal.
C) Ich mach mir da keine Gedanken.

21. In Gedanken habe ich mir schon oft ausgemalt, andere, die mir etwa angetan haben, schwer zu bestrafen.

A) Ja, das mache ich öfter.
B) Das ist schon mal vorgekommen, aber eher selten.
C) Nein.

22. Manchmal lassen mich Kleinigkeiten aus der Haut fahren.

A) Ja.
B) Selten.
C) Nein.

23. Die Zukunft kennt kein Mensch; da muss man keine Gedanken daran verschwenden.

A) Wenn man genau hinsieht und analysiert, kann man schon sehen, wohin es geht. Es ist wichtig, vorauszuplanen!
B) Ein wenig sollte man sich schon Gedanken über die Zukunft machen.
C) Es kommt, wie es kommt.

24. Wenn ich etwas wissen will, hake ich nach, google, schaue in Wikipedia und so weiter, bis ich es weiß.

A) Ja.
B) Nur, wenn es wirklich wichtig ist.
C) Nein.

25. Mir kommt es so vor, als wäre früher alles oder zumindest das meiste besser gewesen.

A) Ja.
B) Manches war vielleicht besser.
C) Nein.

26. Die Vorstellung, dass jemand besser, intelligenter, attraktiver oder reicher ist als ich, ist mir unangenehm.

A) Klar – das ist ja auch nicht toll.
B) Ein wenig ärgert es mich schon.
C) Quatsch, warum?

27. Wenn ich vor etwas Angst habe und mir das begegnet, spüre ich das noch einige Zeit danach.

A) Ja, das kenne ich gut.
B) Ich glaube, das ist schon mal vorgekommen.
C) Nein, warum auch?

28. Ich stelle mir oft vor, was ich tun würde, wenn ich plötzliche ein paar Millionen bekäme.

A) Ja, das wär schön …
B) Ab und zu darf man doch mal spinnen.
C) Nein. Das kann ich ja machen, wenn ich die Millionen habe.

29. *Die Welt ist völlig aus den Fugen – die Zukunft verheißt nichts Gutes.*

A) Völlig richtig.
B) Ich versuche, positiv zu denken.
C) Ach, ich weiß nicht – ich denke, wir werden Lösungen finden.

30. *Wenn mich nicht Moral oder Angst vor Strafe abhielten, würde ich vielleicht Amok laufen.*

A) Ja!
B) Nicht wirklich; aber ein wenig kenne ich das Gefühl schon.
C) Nein!

31. *Wenn ich an die Zukunft denke … sehe ich schwarz und mir wird übel. Oder ich bekomme ein Kribbeln im Bauch, weil es sicher großartig wird.*

A) Ja, beides.
B) Beides kommt vor; aber direkt übel wird mir nicht und ein Kribbeln im Bauch habe ich auch nicht.
C) Ich mache mir wenig Gedanken über die Zukunft. Wozu?

32. *Manchmal werde ich ganz depressiv, wenn ich in den Spiegel sehe oder über meine Leistungen nachdenke.*

A) Stimmt genau.
B) Das kommt vor, aber ist nicht die Regel.
C) Nein, gar nicht.

33. *Es gibt Regeln und wer sich nicht an die Regeln hält, muss Konsequenzen spüren.*

A) Natürlich. Sonst kommt es zu Chaos.
B) Manche Regeln sind schon sinnvoll.
C) Regeln sind flexibel; man muss trotzdem nachdenken und richtig entscheiden.

34. Der Gedanke daran, dass ich irgendwann einmal nicht mehr sein werde, ist mir fast unerträglich.

A) Ja, schrecklich!
B) Jeder hat doch Angst vor dem Tod.
C) Nein, warum sollte er?

35. Wenn ich Angst habe, ist das ein sehr schlimmes Gefühl.

A) Ja, natürlich.
B) Ich halte es aus.
C) Nein, ich bin nicht ängstlich.

36. Wenn ich über meine gegenwärtige Lage nachdenke, fällt mir zuerst ein, was noch alles fehlt, damit ich endlich zufrieden sein kann.

A) Genau!
B) Vielleicht zuerst; aber dann fallen mir auch positive Dinge ein.
C) Nein, ich bin dankbar, dass es mir verhältnismäßig gut geht.

37. Belastende Ereignisse muss man seelisch gründlich aufarbeiten.

A) Allerdings!
B) Dieser Psychokram bringt nicht viel.
C) Wenn »aufarbeiten« heißt, in Gedanken dasselbe nochmals zu erleben, würde ich definitiv »Nein« sagen.

38. Es gibt so viele Menschen, die in vielerlei Hinsicht attraktiver sind als ich.

A) Stimmt leider vollkommen.
B) Na ja, ich bin wohl etwa in der Mitte.
C) Ich mache mir darüber keine Gedanken.

39. *Ich wäre manchmal gern jemand anderes oder würde gern in einer anderen Zeit leben.*

A) Ja, auf jeden Fall.
B) Klar mache ich manchmal Gedankenspiele; aber ich möchte schon ich bleiben.
C) Nein, das kommt mir absurd vor.

40. *Manchmal könnte ich einfach nur schreien, ohne dass ich eigentlich weiß, warum.*

A) Ja.
B) Selten.
C) Nein.

41. *Es ist mir wichtig, dass ich für unerwartete Fälle vorsorge.*

A) Auf jeden Fall.
B) Na ja, für manche Dinge vielleicht.
C) Nein.

42. *Ich habe schon mal aus Wut jemanden geschlagen, Dinge zertrümmert oder jemanden heftig und längere Zeit angeschrien.*

A) Ja, das kam öfter vor.
B) Das waren Ausrutscher.
C) Nein.

43. *Ich würde mich als ziemlich gelassenen Menschen beschreiben.*

A) Nein, da würde ich lügen.
B) Es geht so.
C) Ja, schon.

44. Ich liebe Science Fiction und Fantasybücher und -filme.
A) Absolut.
B) Schon okay.
C) Ich bevorzuge andere Genres.

45. Ich kann mich gut leiden.
A) Nein.
B) Es geht so.
C) Klar!

46. Manchmal kann ich schlecht einschlafen, weil ich mir Sorgen mache.
A) Manchmal? Oft!
B) Das kam schon mal vor, aber selten.
C) Nein.

47. Es gibt viele Dinge und Menschen, über die man sich ärgern muss.
A) Das kann man wohl sagen.
B) Viele? Nein, aber schon einige.
C) Man muss sich gar nicht ärgern.

48. Ich habe oft das Gefühl, neben mir zu stehen.
A) Ja.
B) Oft nicht; aber ich kenne das.
C) Nein, das habe ich nie.

Testauflösung: Die eigenen Gedankenmuster durchschauen

Geschafft! Jetzt kannst du den Test auswerten. Schau dir dazu an, wie du bei jeder Frage geantwortet hast, und such die Nummer der Frage in der Tafel. Die erste Frage findest du beispielsweise in der zweiten Zeile (Sorgen) und der zweiten Spalte (1).

Wenn du mit A geantwortet hast, machst du zwei Häkchen in diesem Feld, hast du mit B geantwortet, machst du nur ein Häkchen. Hast du mit C geantwortet, streiche das entsprechende Feld durch, schreib eine Null oder lass es einfach leer.

Hast du alle Felder ausgefüllt, kannst du in jeder Zeile die Häkchen zählen. Du bekommst so eine Zahl zwischen 0 und 8.

Das könnte dann beispielsweise bei ***Frage 1*** so aussehen:

1. ***Wenn jemand, der mir nahesteht, unterwegs ist, male ich mir oft aus, was Schlimmes geschehen könnte.***
   A) Ja, eigentlich immer.
   B) Nicht oft.
   C) Das tue ich eigentlich nie.

Angst	6	14	27	35	
Sorgen	1 ✔	20	41	46	
Selbstzweifel	11	17	32	38	

Also hast du hier bei ***Frage 1*** die Antwort B gegeben. Auf den nächsten beiden Seiten findest du einen ausgefüllten Mustertest und einen Blankotest zum Selber-Ausfüllen.

Mustertest

Angst	6	14	27	35	2
Sorgen	1	20	41	46	4
Selbstzweifel	11	17	32	38	2
Unzufriedenheit	8	15	29	36	2
Ärger	2	22	43	47	1
Urteilen	12	24	33	45	1
Fantasieren	7	18	28	39	4
Vergangenheit	4	16	25	37	7
Zukunft	10	23	31	44	2
Gier	5	13	26	34	0
Hass	9	21	30	42	0
Verwirrung	3	19	40	48	1
				SUMME	26

Blankotest (unter www.longschweppe.de zum Download)

Angst	6	14	27	35	
Sorgen	1	20	41	46	
Selbstzweifel	11	17	32	38	
Unzufriedenheit	8	15	29	36	
Ärger	2	22	43	47	
Urteilen	12	24	33	45	
Fantasieren	7	18	28	39	
Vergangenheit	4	16	25	37	
Zukunft	10	23	31	44	
Gier	5	13	26	34	
Hass	9	21	30	42	
Verwirrung	3	19	40	48	
				SUMME	

Affogramm

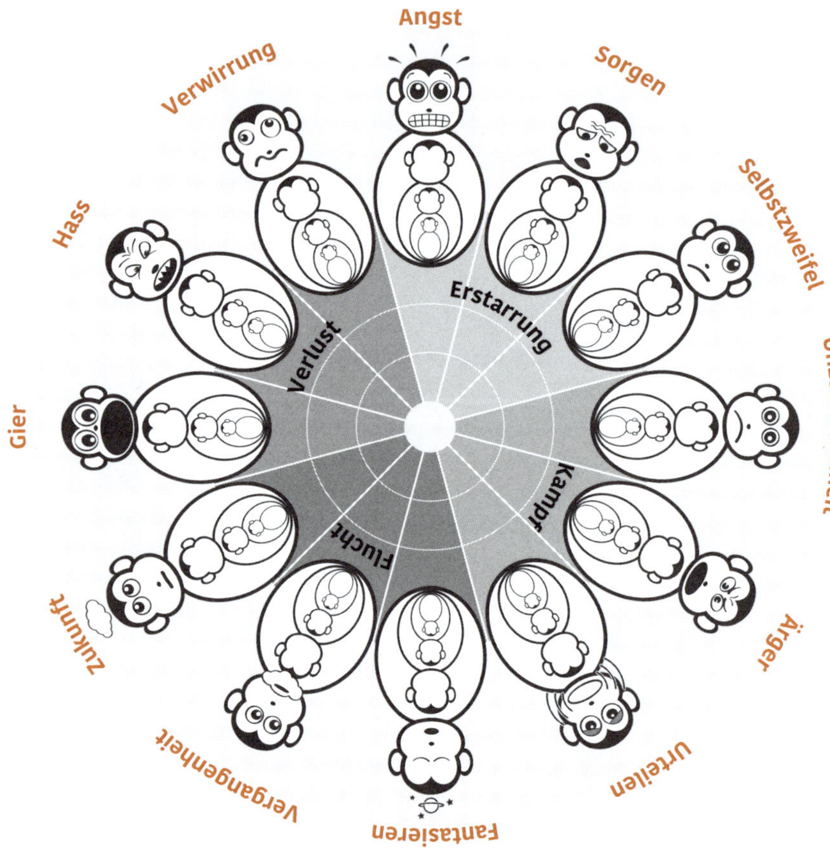

Unter diesem Download findest du den Blankotest und das Affogramm zum Drucken und Ausfüllen.

Als Allererstes kannst du nun feststellen, wie aktiv die Affen in deinem Kopf sind. Zähle dazu einfach alle Punkte zusammen. Du erhältst eine Zahl zwischen **0** und **96**. Das ist etwa die Prozentzahl, die zeigt, wie sehr die Affen deinen Geist überhaupt besetzen.

Im Affogramm kannst du das markieren. Siehst du die Kreislinien innerhalb des großen Kreises? Ganz in der Mitte ist ein kleiner weißer Kreis. Etwas größer ist dann die erste graue Kreislinie, dann die zweite. Du markierst nun den Kreis, je nach der Gesamtpunktzahl im Test:

< 20: Du musst gar nichts markieren. Die Affen sind bei dir kaum aktiv. Du bist die Ruhe selbst!

20–35: Du schraffierst die Fläche innerhalb des ersten inneren Kreises. Ein gewisser Teil deines Denkens wird von den Affen beherrscht. Manchmal stört das. Du bekommst das aber sicher schnell in den Griff.

35–50: Du schraffierst die Fläche innerhalb des zweiten inneren Kreises. Deine Gedanken sind schon wie eine aktive Affenbande – du hast alle Hände voll damit zu tun, die Affenhorde in den Griff zu bekommen. Wir zeigen dir im nächsten Kapitel, wie das besser geht.

> 50: Du schraffierst die gesamte Fläche des großen Kreises. Dass du dieses Buch gekauft hast, war eine richtig gute Idee. Dein Geist ist ein Tummelplatz für wild gewordene Affenbanden. Sobald du nur ein bisschen Ruhe hineinbringst, wirst du dich jedoch schon viel besser fühlen.

Bei unserem Beispiel war die Gesamtpunktzahl **26** – wir schraffieren also das Innere des Kreises bis zur zweiten Linie. So sähe das dann aus:

Affogramm mit 26 Punkten

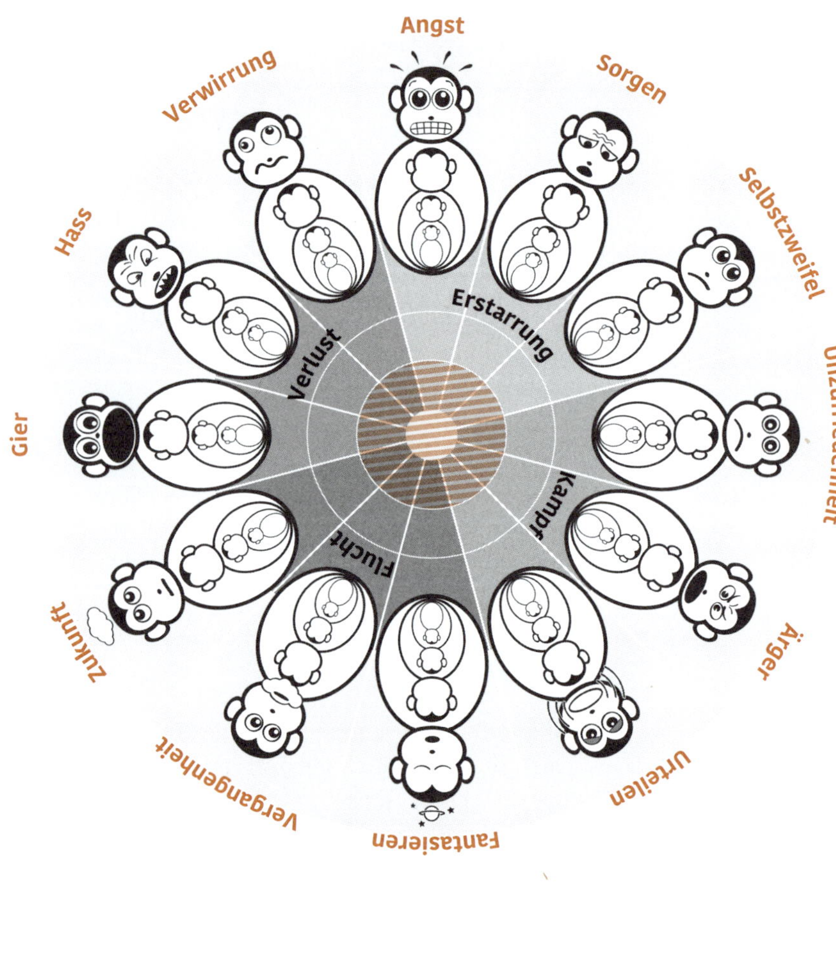

Jetzt kannst du deine ganz persönliche Affengrafik, dein »Affogramm«, noch weiter ausführen. Du siehst die zwölf Affen im Kreis. In jedem Affen sind, wie bei den russischen Matroschkapüppchen, kleinere Äffchen. Wie viele Punkte hast du für jeden Affentypus? Du erkennst die Affen anhand der Bilder bei den Beschreibungen, die du schon gelesen hast.

1 Punkt: Du schraffierst den Körper des kleinsten Äffchens.

2 Punkte: Jetzt zusätzlich auch den Kopf des kleinsten Affen.

3 Punkte: Den Körper des zweitkleinsten Affen.

...

8 Punkte: Nach dem Körper wird schließlich nun auch der Kopf des großen Affen markiert – mit 8 Punkten ist der Affe also ganz ausgemalt.

Wenn du das für die zwölf Affen gemacht hast, hast du ein sinnliches Bild vor Augen, welchen Affen du wohl am meisten Zucker gibst.

Wir nehmen wieder die Tabelle von oben – das Affogramm sähe dann so aus wie auf der nächsten Seite abgebildet:

Affogramm Matroschkapüppchen

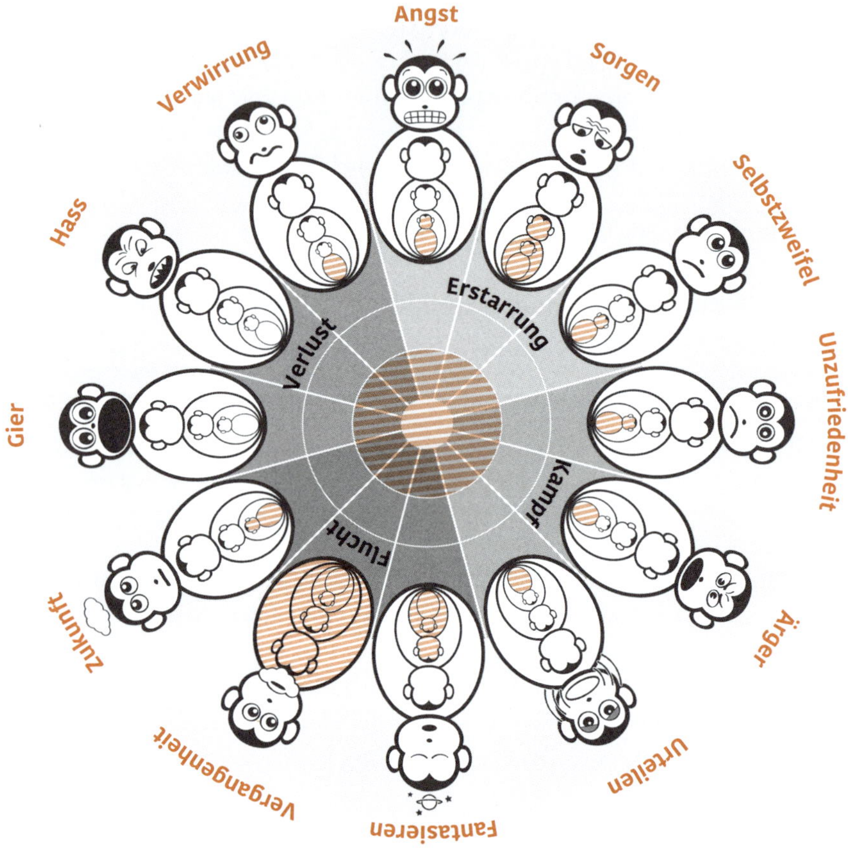

Du hast nun ein Bild davon, was die Affen in deinem Kopf so treiben. Und zwar nur in deinem Kopf! Dein Bild ist fast so einmalig wie du selbst – es gibt über 60 Milliarden mögliche Affenkonstellationen!

Das Bild verstehen

Du siehst in dem Bild eigentlich auf einen Blick, was los ist. Auch ohne weitere Anleitung kannst du in unserem Beispielbild erkennen: Die Affen sind ziemlich aktiv. Sie nehmen schon fast ein Viertel des Geistes ein. Aber du siehst auch sofort, dass es nicht alle Affen sind, die es bunt treiben. Vor allem die, die mit Ängsten zu tun haben und zu Stillstand führen, und die, die sich mit Dingen, die nicht in der Gegenwart sind, beschäftigen und eine Art Flucht vor der Wirklichkeit darstellen. Und bei diesen beiden Gruppen sind wiederum vor allem zwei besonders aktiv: Die Sorgen-Affen und die, die sich auf die Vergangenheit beziehen.

Wenn du dieses Affogramm siehst, kannst du dir wahrscheinlich schon ein grobes Bild von dem Menschen machen, der es angefertigt hat. Das brauchst du aber nicht – vor allem, weil es diesen Menschen ja gar nicht gibt und es sich nur um ein Beispiel handelt. Viel wichtiger ist, dass du dir dein eigenes Bild jetzt einmal ganz genau ansiehst.

Um dein Affenbild zu »interpretieren«, kannst du natürlich ganz intuitiv vorgehen, wenn du willst. Vielleicht ist es sogar ganz gut, wenn du erst einmal völlig ohne Vorannahmen darangehst, das Bild deines Affengeistes zu verstehen. Mach dir dabei klar, dass es dein Affogramm nur ein einziges Mal gibt! Dass ein anderer Mensch genau dasselbe Affogramm hat, ist so gut wie unmöglich: Es gibt fast so viele Möglichkeiten, wie es Sterne in unserer Galaxis gibt – so viele, dass man es sich kaum vorstellen kann. So einmalig bist du!

Doch natürlich wollen wir dir gern beim Verstehen behilflich sein. Dazu werden wir uns zwei Ebenen ansehen, die du bei der Testauswertung schon erkannt hast:

1. **Die ganze Affenhorde:** Wie viel Raum nehmen alle herumspringenden, im Kreis laufenden und Unruhe stiftenden Gedanken in deinem Geist überhaupt ein?

2. **Die wichtigsten Unruhestifter**: Welche der zwölf Affen machen am meisten Probleme? Ist es nur einer oder gibt es mehrere?

Anschließend wollen wir uns mit einem Problem beschäftigen, mit dem wir es leider sehr oft zu tun haben. Immer dann, wenn es nicht ein einzelner Affe ist, der in unserem Geist herumhüpft, sondern wenn sich mehrere zusammentun, führt das zu ganz unterschiedlichen Schwierigkeiten und manchmal sogar zu schwerwiegenden Problemen. Damit du das Treiben der oft chaotischen Gedanken und Gefühle in deinem Kopf besser verstehen (und dann auch besser loslassen) kannst, wollen wir gemeinsam einen Blick auf die häufigsten Banden – die Affen-Mafias – werfen.

Die ganze Affenhorde

Das Erste was du in deinem persönlichen Affogramm eingezeichnet hast, war ein Kreis. Die Größe des Kreises sagt dir ganz direkt, wie viel Platz die unruhigen, beunruhigenden und sich oft im Kreis drehenden Gedanken, die Geistesaffen, einnehmen. Die Zahl, die du beim Test ermittelt hast, gibt ungefähr die Prozentzahl an, mit der dein Geist mit Affengedanken gefüllt ist.

Der große Kreis, auf dem die Affen hocken, symbolisiert deinen gesamten Geist – und der Kreis, den du ins Affogramm gemalt hast, zeigt dir, wie viel geistiger Raum dir verloren geht.

Oder positiv gesagt: Der Kreis, den du eingezeichnet hast, stellt dein Potenzial dar. Er zeigt, wie viel du gewinnen kannst, wenn du die Affenhorde unter Kontrolle bringst – wie viel neuen Speicherplatz du mit anderen Worten auf deiner Festplatte schaffen kannst.

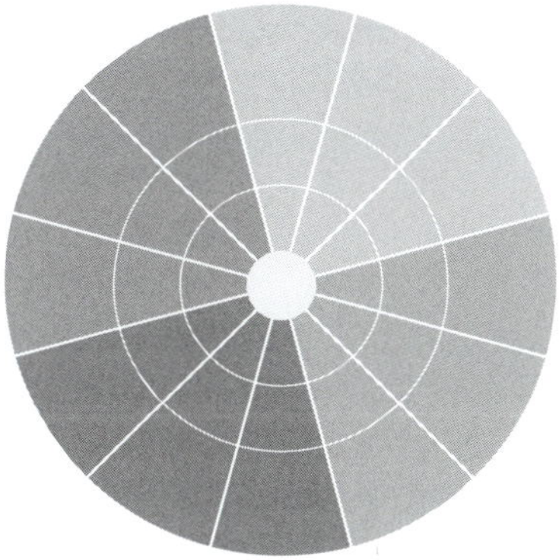

Du hattest so wenig Punkte, dass du gar nichts eingezeichnet hast? Super! Es scheint, als ob du schon sehr gelassen bist und von den Geistesaffen so gut wie nie gestört wirst. Das ist uneingeschränkt gut – der einzige »Nachteil« ist, dass du dein Potenzial durch das Beruhigen der Affenhorde nicht weiter ausschöpfen kannst. So weit bist du ja schon lange. Wir vermuten, dass du dieses Buch aus reinem Interesse liest – eine Hilfe beim Beruhigen der Affenhorde scheinst du jedenfalls nicht zu brauchen.

Natürlich wirst auch du dann und wann einmal Affengedanken begegnen. Das ist nicht nur völlig okay. Es gehört zum Leben. Alle Übungen in diesem Buch und vor allem die W.A.H.L.-Methode werden dir noch mehr Gelassenheit verschaffen – und das ist nie verkehrt!

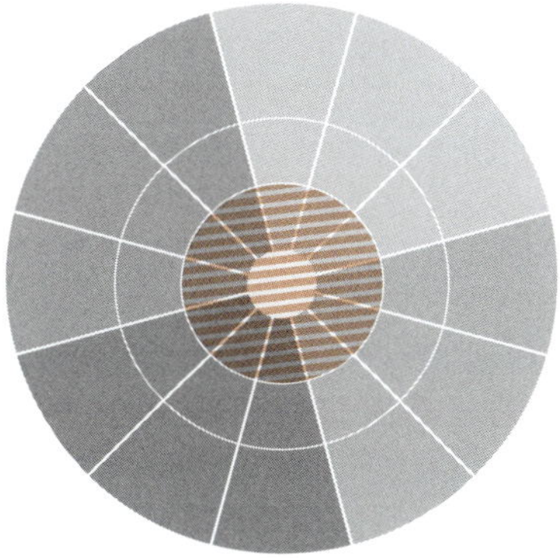

Dass jemand wirklich so selten von den Affen im Kopf geplagt wird, dass im Affogramm gar nichts auftaucht, ist ziemlich selten. Viel häufiger ist, dass die Affen sich doch immer wieder einmal störend bemerkbar machen. Wenn 10 bis 20 Prozent deines Denkens mit Ängsten, Sorgen und den ganzen anderen Geistesaffen beschäftigt sind und du den ersten inneren Kreis schraffiert hast, geht es dir wie den meisten Menschen, wenn sie nicht gerade größere Probleme haben. Ein gewisser Teil deines Denkens wird von den Affen beherrscht. Aber du siehst es eigentlich schon direkt im Affogramm: Es hält sich in Grenzen. Trotzdem können die Affen im Kopf natürlich manchmal ganz schön störend sein. Du hast aber, wie du ja im Bild siehst, genug Kapazitäten, um das schnell in den Griff zu bekommen. Die Übungen und Meditationen, die wir später vorstellen, werden es dir noch einfacher machen.

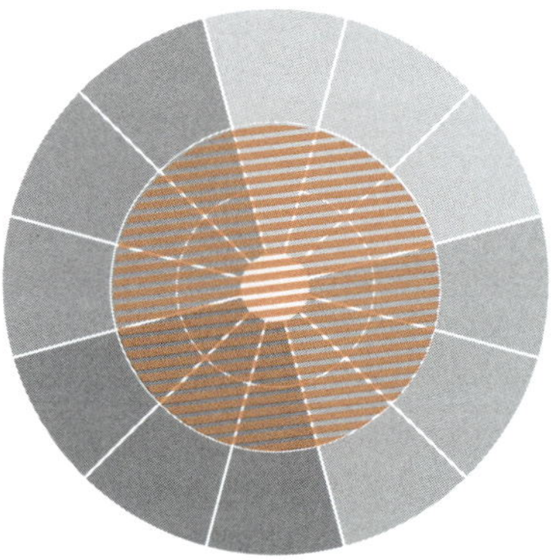

Manchmal sind die Affen im Kopf wirklich überaktiv. Wenn du zwischen 20 und 40 Prozent deiner geistigen Aktivität mit den Affen im Kopf verbringst, ist das definitiv zu viel. So viel Futter sollten sie nicht bekommen. Du siehst ja selbst im Affogramm, dass dein Affen-Aktivitätskreis recht viel Platz einnimmt. Ein großer Teil deiner Gedanken läuft ineffektiv im Kreis, macht viel Krach, aber bringt dich nicht voran. Und das fühlt sich natürlich unangenehm an. Wie genau, das hängt davon ab, welche Affen am meisten Radau machen. Es ist jedenfalls eine gute Idee, dass du beschlossen hast, etwas zu unternehmen. Du lässt viel Potenzial brach liegen! Sieh dir mal an, wie groß der Raum ist, den die Affengedanken bei dir einnehmen: Und dann stell dir vor, dass du diesen ganzen Raum mit produktiven, positiven und angenehmen Gedanken und Gefühlen erfüllen kannst! Wäre das nicht wunderbar? Natürlich wäre es das. Und genau darum geht es hier. Wir zeigen dir, wie du mit deinen Affen so umgehst, dass sie deinem Lebensglück nicht länger im Weg stehen.

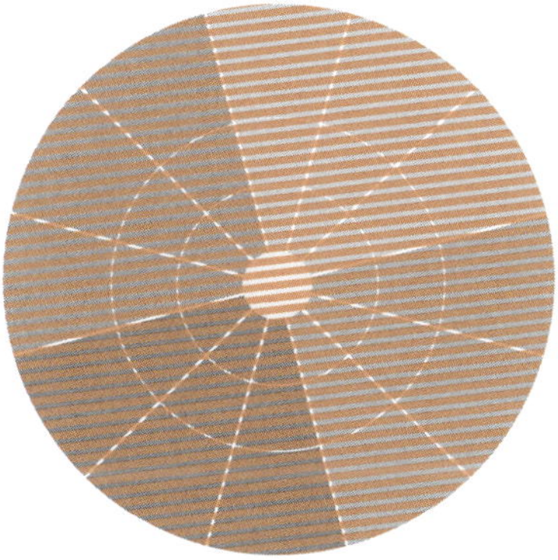

Wenn du die gesamte Fläche des großen Kreises schraffiert hast, nehmen die Affengedanken mindestens die Hälfte deines Geistes in Anspruch. Wir sind uns sicher: Das fühlt sich gar nicht gut an!

Dass du dieses Buch liest, ist ein wichtiger erster Schritt. Dein Geist ist ein Tummelplatz für wild gewordene Affen. Sobald du nur ein bisschen Ruhe hineinbringst, wirst du dich schon viel besser fühlen. Wir werden dich dabei unterstützen.

Die wichtigsten Unruhestifter

An der Größe der einzelnen Geistesaffen siehst du auf den ersten Blick, welche dir am meisten Probleme machen.

Wenn du bei einer Affenart gar nichts markiert hast, ist das natürlich am besten. Super. In diesem Bereich musst du dir schon mal gar keine Gedanken machen.

Hast du nur den Bauch des ersten Äffchens ausgefüllt, ist das praktisch gar nichts. Es ist irrelevant. Diese Affenart nimmt einen so kleinen Teil deines Geistes ein, dass sie keine Rolle spielt.

Auch hier ist die betreffende Affenart wenig bedeutsam. Sie taucht vielleicht dann und wann einmal in deinem Kopf auf und nervt ein kleines bisschen. Das ist jedoch alles noch sehr im Rahmen. Aber es wird dir natürlich trotzdem guttun, diese Affen noch weiter zu beruhigen.

Langsam, ganz langsam, kommst du in einen Bereich, wo diese spezielle Affenart durchaus einmal richtig nerven kann. Es ist kein großes Problem (wie du ja an der Größe des Äffchens schon siehst), aber immerhin ein kleines. Und du kannst nur davon profitieren, wenn du dich damit beschäftigst.

Immer noch bist du in diesem Bereich noch nicht in einer Situation, dass diese Affenart dein Leben wirklich beeinträchtigt. Aber es wäre schon gut, wenn du nun damit beginnst, auf diese Geistesaffen beruhigend einzuwirken.

Hier ist die Grenze, wo das Treiben dieser Affenart wirklich zum Problem zu werden beginnt. Also fange am besten jetzt an, für etwas mehr Ruhe im Kopf zu sorgen. Da das Problem noch nicht so extrem ist, ist dir vielleicht noch nicht klar geworden, dass es existiert. Sieh in diesem Bereich einmal ein wenig genauer hin.

Diese Affenart ist ein – noch mittelmäßiges – Problem für dich. Sie hat schon recht viel Raum in deinem Fühlen und Denken eingenommen. Zu viel Raum. Tu etwas! Wir zeigen dir später noch genau, was du tun kannst. Fürs Erste ist es wichtig, dass du siehst, dass in diesem Bereich ein Problem besteht.

Du weißt wahrscheinlich selbst, dass diese Affenart viel zu viel Raum in deinem Denken und Fühlen einnimmt. Sie beeinträchtigt dein Leben und raubt dir Energie, die du anderweitig viel besser brauchen kannst. Im zweiten Teil des Buches findest du viele Vorschläge, wie du die Affen zähmst.

Es ist unübersehbar, dass du in diesem Bereich wirkliche Probleme hast. Die Affen hier sind völlig am Ausflippen. Das kannst und solltest du nun wirklich nicht mehr hinnehmen. Lass dein Leben nicht von den unkontrollierten Affen bestimmen. Sieh dir im nächsten Hauptkapitel genau an, wie du die Affenbande in den Griff bekommst, und setze dieses Wissen so oft wie möglich in die Tat um!

Die Affen-Mafia

Du hast nun schon sehr viel über die Affen in deinem Kopf erfahren und bist ein fortgeschrittener Affologe. Trotzdem kann es vorkommen, dass du Problemen begegnest, die du trotz genauen Hinsehens nicht sicher einer bestimmten Affenart zuordnen kannst. Gibt es da vielleicht noch weitere Affen?

Nun – wie man's nimmt. Was es auf jeden Fall gibt, ist das, was wir im Folgenden die »Affen-Mafias« nennen. Eine solche Vereinigung kommt zustande, wenn unterschiedliche Affenarten eng zusammenarbeiten. Und das ist leider gar nicht selten. Vielleicht kannst du dir, auch ohne Mathematiker zu sein, vorstellen, dass es dabei ziemlich viele mögliche Kombinationen gibt. Wir haben ja schon gesagt, dass es dein Affogramm nur einmal gibt; es ist so einmalig wie du selbst! Sprechen wir jetzt aber »nur« von der

Zahl der Möglichkeiten der Zusammenarbeit von drei Affenarten, gibt es selbst davon über 479 Millionen Möglichkeiten!

Also – mach's dir bequem: Die werden wir dir nun alle der Reihe nach vorstellen …

Nein, keine Angst. Da müsstest du ja dein Leben lang weiterlesen. Und da du nur *ein* Buch in der Hand hältst und keine riesige Bibliothek, ist dir natürlich klar, dass wir uns ein wenig kürzer fassen werden. Die meisten der theoretischen Möglichkeiten kommen sowieso nicht vor. Wir werden dir daher nur die wichtigsten an die Hand geben, um deine Aufmerksamkeit für mögliche Vorgänge in deinem Geist zu schärfen.

Die Selbstmitleids-Mafia

Die Affen der Unzufriedenheit, der Fantasie und der Selbstzweifel als Bande

Diese drei tun sich allzu gern zusammen. Wir haben schon bei den Affen der Selbstzweifel darüber gesprochen, dass sich Selbstzweifel nicht selten in Selbstmitleid ausdrücken. Damit sich Selbstmitleid aber so richtig und ungehemmt entfalten kann, rekrutieren die Affen der Selbstzweifel gern noch ihre Kumpane Unzufriedenheit und Fantasie. Die Affen der Unzufriedenheit sorgen dafür, dass du das Gefühl hast, es würde dir etwas fehlen. Und die Affen der Fantasie malen dir dein Leben in den frustrierendsten Grautönen aus, damit du aus dem Schwarzsehen so schnell nicht mehr rauskommst.

Selbstmitleid hat übrigens nichts mit Selbstmitgefühl oder Selbstfürsorge zu tun – genau genommen ist es sogar das Gegenteil. Selbstmitleid macht Mitgefühl und Empathie unmöglich: Wenn deine Gedanken und Gefühle sich ständig auf dein eigenes Leiden konzentrieren, kannst du kaum noch für die Not anderer Menschen offen sein. Und dir selbst hilfst du auch nicht weiter.

Im Prinzip kann dein eigenes Leiden Mitgefühl zwar durchaus verstärken, denn dadurch kannst du dich ja leichter in fremde Schicksale einfühlen. Doch dazu musst du vorher in der Lage sein, dich überhaupt in dich selbst einzufühlen – und das tust du nicht, wenn du dich in Selbstmitleid suhlst. Dann wälzt du dich nur im Dreck der unangenehmen Gefühle und tust weder dir noch anderen etwas Gutes.

Natürlich ist niemand absichtlich voller Selbstmitleid. Das entsteht eben einfach nur dadurch, dass die entsprechenden Geistesaffen im Kopf herumspringen und eine Mafia bilden, sobald du in einer schwierigen Lage bist.

Es ist, wie du sicher schon bemerkt hast, gar nicht so einfach, aus den Gedankenkreisen herauszukommen; das gilt für alle Affen-Mafias. Selbst wenn es dir gelingt, einen belastenden Gedanken halbwegs zu beruhigen, springen die anderen gleich für ihn ein.

Das hört sich jetzt vielleicht schlimmer an, als es ist. Denk daran: Du bist der Boss. Du kannst das Affentheater nach deinem Willen gestalten – oder eben auch beenden. Im zweiten Hauptteil dieses Buches wird es nur noch darum gehen, wie du Ruhe und Frieden in deine Gedanken und Gefühle bringen kannst – im Moment ist noch immer eines wichtig: deine möglichen »Mitbewohner« besser kennenzulernen.

Die Fernweh-Mafia

Die Affen der Fantasie, der Unzufriedenheit und der Verwirrung als Bande

Wer sehnt sich nicht dann und wann nach der Ferne? Vielleicht denkst du auch gerade daran, wie schön es wäre, an einem karibischen Strand zu liegen, in der Serengeti Giraffen zu beobachten oder in Antarktika die abgelegensten Teile der Erde zu erforschen. An solchen Fantasien ist ja nichts verkehrt – sofern man von seinen Traumreisen Inspiration und Freude mitbringt.

Die Fernweh-Mafia tut nichts dergleichen. In ihr verschwören sich die Affen der Fantasie mit denen der Unzufriedenheit und der Verwirrung. Statt dich zu inspirieren, setzt die Fernweh-Mafia in deinem Kopf ein Karussell von kreisenden Gedanken in Gang. Da kann einem ganz schön schwindlig werden. Vor allem aber entsteht dabei die felsenfeste Überzeugung, dass es woanders besser ist. Je weiter weg, desto besser.

Aber glaubst du wirklich, dass es woanders schöner oder besser ist? Das ist nur selten der Fall – zum Beispiel dann, wenn du gerade vom Gerichtsvollzieher oder einem Stalker verfolgt wirst, nachts betrunken mit drei eingefrorenen Zehen im Schnee liegst oder auf dem Zahnarztstuhl sitzt.

Die Affen der Fantasie, der Unzufriedenheit und der Verwirrung sind perfekt darin, dich zu täuschen. Sie flüstern dir ständig ins Ohr, dass du woanders sein *musst*, um auch nur halbwegs glücklich sein zu können.

Natürlich ist das Quatsch. Denn wohin du auch gehst – die Affen kommen leider immer mit. Sobald du das einsiehst, wirst du erkennen, dass du nicht in den nächsten Flieger steigen musst. Du kannst einfach weiterlesen und dich hier und jetzt entspannen. Um glücklich zu sein, braucht es kein »erst noch«. Das Sprichwort »Warum in die Ferne schweifen, sieh, das Gute liegt so nah« trifft es genau. Das Gute liegt viel näher, als wir es uns vorstellen können. Es ist sogar näher als die Affen in unserem Geist. Doch je besser du Letztere zu erkennen lernst, desto leichter wird es dir fallen, die tiefere Quelle der Freude und des Glücks in dir zu entdecken.

Die Verhinderungs-Mafia

Die Affen der Verwirrung, der Fantasie und der Unzufriedenheit als Bande

Wenn du ein gutes Gedächtnis hast und beim Lesen aufmerksam warst, wird dir etwas auffallen.

Hast du es gemerkt? Ja? Fein. Nein? Macht auch nichts. Also: Die drei Affen, die diese Mafia bilden, sind dieselben, die die Fernweh-Mafia gebildet haben. Das ist kein Versehen von uns. Wir wollen dir damit zeigen, wie vielfältig die Affen im Kopf sein können. Es sind dieselben Bandenmitglieder, doch diesmal sind die Affen der Verwirrung die Chefs des Mafiaclans.

Wenn die Verhinderungs-Mafia aktiv wird, merkst du das daran, dass dir Gedanken wie dieser durch den Kopf kreisen: »Ich könnte alles, wenn man mich nur ließe!«

Die Verwirrung bewirkt, dass das Ich nicht mehr realistisch wahrgenommen werden kann. Die Fantasie findet dann auch gleich die Lösung: »Die anderen, die Welt, die Umstände – sie lassen mich einfach nicht …« Und damit der Affentanz munter weitergehen kann, hält die Unzufriedenheit das Ganze am Laufen. Vielleicht siehst du das Problem, das sich daraus ergibt, sofort: Diese Affen-Mafia sorgt dafür, dass wir schließlich gar nichts mehr machen, gleichzeitig ein großartiges Bild von uns haben und dennoch – oder deshalb? – ständig unzufrieden sind.

Unzufriedenheit allein würde immerhin dazu führen, dass wir aktiv werden – wenn in der Regel auch ziemlich ziellos. Die Verhinderungs-Mafia hält uns aber davon ab, überhaupt irgendetwas zu tun. Obwohl wir doch so überdurchschnittlich fähig zu sein glauben, wirft die böse Welt uns ständig Steine in den Weg, wodurch es unmöglich wird, unsere Träume zu verwirklichen. Und wenn wir wähnen, dass da ohnehin nichts zu machen ist, unterlassen wir am besten gleich jeden Versuch. Es bringt ja sowieso alles nichts.

In gewisser Weise ist dieses Gedanken- und Gefühlsmuster natürlich auch ein Schutz: Wie desillusionierend wäre es schließlich, wenn wir feststellen müssten, dass wir doch nicht zu allem fähig sind, dass wir Grenzen haben? Das könnte schon ganz schön heftig an unserem Selbstbild nagen.

Wenn du beginnst, die Affenclans in deinem Geist zur Ruhe zu bringen, werden sich solche Probleme ganz von selbst auflösen. Dann erkennst du, dass selbstverständlich jeder Mensch Grenzen hat und dass das kein Problem, sondern eine spannende Herausforderung ist. Wenn dein Geist befreit ist, kannst du ganz gelassen erkunden, wo deine Grenzen, aber auch deine Möglichkeiten liegen. Und dann kannst du auf sinnvolle Weise aktiv werden – oder dich auch einfach nur mal richtig entspannen.

Die Isolations-Mafia

Die Affen der Selbstzweifel, der Fantasie und der Urteile als Bande

Dieser Clan ist sehr perfide und macht sich heute leider in vielen Köpfen breit. Selbstzweifel, Fantasie und kräftiges Urteilen wirken hier zusammen und führen dazu, dass wir uns einsam und unglücklich fühlen. Der zentrale Gedanke, den diese Affen-Mafia im Kopf kreisen lässt, ist: »Keiner versteht mich!«

Das Gemeine an der Strategie dieser Affen-Mafia ist, dass sich jemand, den sie im Griff hat, absolut mies und isoliert, gleichzeitig aber als Mittelpunkt des Universums fühlt. Und an sich stimmt das ja auch irgendwie: Jeder Mensch ist in gewisser Weise allein – niemand anders als wir selbst ist in unserem Kopf (außer unseren Affen natürlich!) und keiner kann direkt unsere Gefühle fühlen! Und jeder Mensch ist zugleich auch etwas ganz Besonderes und steht zumindest aus seiner Sicht im Mittelpunkt.

Das Zusammenspiel dieses Mafiaclans ist heimtückisch. Das Gefühl, einsam und zugleich etwas ganz Besonderes zu sein (wenn auch aus den falschen Gründen), hat etwas Exklusives. Wenn wir akzeptieren würden, dass andere Menschen ähnliche Probleme haben, dass sie gar nicht so sehr viel anders sind als wir und uns in der Regel auch ganz gut verstehen können, müssten wir das Gefühl unserer Einzigartigkeit aufgeben. Wir verlieren dann das Gefühl, »ganz für uns zu sein«.

Das Jammern »Keiner versteht mich!« heißt eigentlich: »Ich verstehe niemanden und möchte aber von den anderen verstanden und geliebt werden.« Aber so läuft das natürlich nicht.

Der Ausweg aus dieser Falle der Affen-Mafia ist recht einfach. Nur ist der offensichtliche Ausweg für alle, die von dieser Bande befallen sind, eben nicht so leicht zu erkennen. Die Affen stehen schließlich Wache.

Dieser Ausweg besteht darin, dass wir Mitgefühl und Selbstmitgefühl entwickeln. Wer sich selbst versteht und seine Gedanken und Gefühle auf seine Mitmenschen richtet, die ebenfalls leiden – dessen Jammern wird sich sehr schnell auflösen. Wer sein Bewusstsein ausdehnt – vom Ich zum Du –, wird sich nie mehr isoliert fühlen. Er versteht die anderen und versteht zugleich, dass die anderen auch ihn verstehen.

Die Alles-Mafia

Die Affen der Verwirrung, der Sorgen und der Unzufriedenheit als Bande

Diese Affen tun sich manchmal zusammen, um alles zum Stillstand zu bringen. Ihr Mantra ist: »Ich muss *alles* ändern, sonst ändert sich gar nichts!«

Und nun rate mal, was passiert, wenn deine Affen im Kopf dir das einreden. Genau – dann ändert sich nämlich am Ende gar nichts mehr. Alles bleibt irgendwie in der Schwebe. Im Hintergrund steht ein großer, lebensverändernder Plan, der alles zum Guten wenden soll: »Mir reicht's! Ich werde jetzt *alles* verändern! Ich trenne mich von meinem Partner, kündige meinen Job, suche einen neuen, viel interessanteren Partner und auch einen besseren Job, ziehe um, vielleicht sogar in ein anderes Land, ändere meinen Style, vielleicht gehe ich sogar in ein Kloster … zwar noch nicht gleich. Aber bald.« Manchmal läuft auch folgendes Denkmuster ab: »Ich muss alles ändern, aber das schaffe ich sowieso nicht, also lasse ich alles so, wie es ist, und bleibe eben unzufrieden.«

Kommt dir das bekannt vor? Dann schau dir doch mal genau an, wohin diese Gedanken dich führen werden. Kannst du es sehen? Nein? Kein Wunder, denn sie führen dich tatsächlich nirgendwohin. Und das wird ja sicher nicht dein Plan sein.

Der erste Schritt, sich von dieser Affen-Mafia zu befreien, ist, sie zu erkennen. Achte einmal darauf, wenn solche Gedanken in dir auftauchen: »Ich muss alles ändern. Nichts ist gut so, wie es ist …« Im zweiten Teil dieses Buches wirst du sehen, wie wichtig es ist, das Treiben seiner inneren Affen zunächst einmal in aller Klarheit wahrnehmen zu können. Wie du dieses Treiben dann stoppen kannst, erfährst du anschließend noch ganz genau.

Die Gefängnis-Mafia

Die Affen der Unzufriedenheit, der Selbstzweifel und der Verwirrung als Bande

Die Affen der Unzufriedenheit, der Selbstzweifel und der Verwirrung verbünden sich manchmal, um einen recht trostlosen

Gedanken in deinem Kopf rotieren zu lassen: »Ich kann hier nicht raus! Ich stecke fest!« Das fühlt sich natürlich schrecklich an. Klar, dass du dann nicht nur unzufrieden, sondern auch verzweifelt bist. Und das Gefühl, dass du keine Möglichkeit hast, zu entkommen, kann ja tatsächlich sehr real werden. Die Familie, die Beziehung, dein Job, deine Verantwortung ... all das scheint dich zu fesseln – du steckst wie in einem Gefängnis fest und eine Fluchtmöglichkeit ist nicht in Sicht.

Das ist sehr hart. Wenn die Gefängnis-Mafia ihr Unwesen treibt, wirst du vollkommen überzeugt davon sein, dass du tatsächlich in der Falle sitzt. Es sind vor allem die Affen der Verwirrung, die dazu beitragen, den Glaubenssatz »Ich kann hier nicht raus!« in dir zu festigen. Das erscheint klar und logisch, und wie solltest du auch daran zweifeln? Schließlich kannst du es nicht verantworten, deine Familie zu verlassen. Und deinen Job kannst du auch nicht einfach so hinwerfen.

Tatsächlich scheint das nicht nur sehr schwer zu sein, es *ist* auch sehr schwer. Keine Frage. Aber mach dir trotzdem eines klar: Jedes »Ich muss« ist mit einem »wenn ...« verbunden. Immer. Das Leben verlangt immer nach Kompromissen.

Mach dir bewusst: Du kannst jederzeit aus deinem Gefängnis entkommen. Wer könnte dich schon ernsthaft daran hindern, ins Ausland zu ziehen, die Scheidung einzureichen oder dich selbstständig zu machen? Allerdings musst du dir natürlich im Klaren darüber sein, was das für Konsequenzen hätte. Dein jetziges Leben ist ein Gesamtpaket. Du und nur du entscheidest dich dafür. In jedem möglichen Paket sind leider immer auch unangenehme Teile enthalten. Du willst raus aus der Beziehung, aber du willst auch deinen Partner nicht verletzen. Das ist zwar dumm, aber du kannst nicht beides haben. Und über das Unvermeidliche zu jammern, ändert dann auch nichts. Du würdest gern fliegen können wie ein Vogel, hast aber keine Flügel. Das Paket, in dem dir plötzlich Flügel aus dem Rücken wachsen und du davonflattern kannst, gibt es nun mal nicht.

Dennoch: Grundsätzlich *kannst* du aus deiner Lage heraus. Immer. Nur kannst du nicht gleichzeitig alle Konsequenzen vermeiden. Das ist eine Selbstverständlichkeit.

Es gibt da aber ein interessantes Paket, das du vielleicht noch gar nicht kennst, weil es unter allen anderen Möglichkeiten vergraben ist: Du kannst inneren Frieden und Gelassenheit finden – und die Affen-Mafia auf diese Weise entmachten. Du kannst einfach in deiner Beziehung, in deinem Job, in deiner Wohnung bleiben *und trotzdem* gelassen, heiter und in innerem Frieden leben.

Sicher – das ist nicht immer leicht und viele von uns kommen gar nicht erst auf die Idee, dass es möglich ist. Doch es ist durchaus möglich, und wahrscheinlich ist es sogar die Lösung für den Großteil unserer Probleme. Bevor du im nächsten Kapitel alles zum »Wie« erfahren wirst, solltest du dir zunächst eine Sache immer wieder klarmachen: Du bist *nicht* wirklich im Gefängnis. Du kannst jederzeit die Tür aufmachen und gehen. Aber dann gibt's auch keine freien Mahlzeiten mehr …

Die Star-Wahn-Mafia

Die Affen der Gier, der Urteile und der Fantasie als Bande

Wenn man erst einmal ein wenig älter ist, hat man in der Regel Abwehrmechanismen gegen diese Affen-Mafia gefunden. Jüngere Menschen hingegen fallen ihr oft zum Opfer – und erst recht gilt das in unseren Tagen. Die Affen der Gier, der Urteile und des Fantasierens lassen eine Frage ständig im Kopf kreisen: »Was kann ich nur tun, um berühmt zu werden?« Und das hat dann nicht selten sehr seltsame und bizarre Folgen.

Ob im Fernsehen, im Kino oder auf YouTube: Überall sieht man »Influencer« und »VIPs«, Leute, die offenbar etwas zu sagen haben, die jeder kennt, die scheinbar von allen geliebt werden, die gut aussehen oder gut singen können, die im Rampenlicht stehen und über Unmassen an Geld verfügen. Ist das nicht cool? Ist das nicht erstrebenswert? Sollte man da nicht alles tun, um auch berühmt zu werden?

Nein, sollte man lieber nicht. Erst recht nicht, wenn man wenig kann, aber alles will. Dann machen uns die Affen im Kopf nämlich zum Affen, indem sie uns überreden, in einer »Reality«-Show aufzutreten oder trotz offensichtlichen Nichtkönnens in einer Talentshow das Volk zu belustigen. Auf diese Weise »berühmt« zu werden ist furchtbar und macht unglücklich. Noch schlimmer ergeht es übrigens psychisch Kranken, die sogar ein Verbrechen begehen, nur um bekannt zu werden.

Solltest du über ein wenig oder sogar recht viel Talent verfügen, ist es leider nicht viel besser. »Berühmtsein« ist als Ziel etwas sehr Unbefriedigendes – es hält nicht, was es verspricht. Sicher – wer durch sein Talent oder seine Ausstrahlung einen gewissen Grad an Berühmtheit erreicht hat, hat unter Umständen jede Menge »Follower« oder »Fans«. Aber Fans sind keine Freunde. Fans lieben keine Menschen, sondern nur das Bild, das ihre »Helden« ihnen in der Öffentlichkeit vorgaukeln. Sieh nur einmal, wie viele Stars jung sterben, oft an Drogen oder durch Suizid.

Berühmt zu sein kann dich bestenfalls von Geldsorgen befreien. Dafür tauchen genug andere Ängste und Sorgen auf.

Wenn du gern Musik machst, kreativ bist, gern Videos drehst oder dir die Schauspielerei Freude macht – na klar, dann nichts wie los! Verfolge deinen Weg. Das ist wunderbar. Wenn sich hinter alldem aber letztlich die Absicht verbirgt, berühmt zu werden, dann lass es besser sein. Beruhige stattdessen die Affen in deinem Kopf, die dir vorlügen, Ruhm und Popularität würden dich glücklich und zufrieden machen. Nur so kannst du letztlich deinen eigenen Weg finden und werden, wer du wirklich bist.

Die Falten-Mafia

Die Affen der Selbstzweifel, der Verwirrung und der Sorgen als Bande

Gerade haben wir über eine Mafia gesprochen, die vor allem junge Leute überfällt, aber zunehmend auch ältere. Nun kommt das Umgekehrte. Eine Affen-Mafia, die eher ältere Leute, zunehmend aber auch jüngere verschreckt: die Falten-Mafia.

Die Affen der Selbstzweifel, der Verwirrung und der Sorgen schließen einen Pakt, um ihren Opfern einen Gedanken ins Hirn zu pflanzen, der da lautet: »Ich will jung sein! Ich will jung bleiben!«

Die Angst vor dem Älterwerden ist wahrscheinlich so alt wie die Menschheit selbst. Und tatsächlich gibt es ja auch allerlei unangenehme Aspekte am Altern: Dass die Gelenke knirschen, dass man langsamer und unbeweglicher wird, die Organe zu schwächeln beginnen und man möglicherweise krank wird, wünscht sich natürlich keiner. Dazu kommen dann auch noch ein paar Pseudoprobleme, die eigentlich nur deshalb Probleme machen, weil wir sie als solche wahrzunehmen gelernt haben: Unser Stoffwechsel wird langsamer, wir werden leichter dick, die Haut ist nicht mehr so straff und wirft Falten und auch die Haarpracht leidet.

Das alles, ob nun echte oder gesellschaftlich anerkannte Pseudoprobleme, sind der ganz normale Verlauf des Lebens. Das Leben ist eben eine Krankheit, die stets tödlich endet. Und meistens dauert diese »Krankheit« sehr viele Jahre, was ein Segen für die Kosmetik- und Werbeindustrie ist. Einige Branchen müssten dicht machen, wenn wir unsere Falten als Ausdruck unserer Lebenserfahrung und nicht länger als den Feind ansehen würden, den es zu bekämpfen gilt.

Dennoch ist die Angst vor dem Altern natürlich nichts, das wir verharmlosen sollten, denn diese Angst ist sehr real und die Betroffenen leiden zweifellos darunter. Immer früher werden Menschen von der Angst befallen, nicht mehr jung zu sein. Äußerlich. Denn über das innere Altern, die Arthrose der Gedanken, die Falten in unseren Gefühlen, die Speckschwarten, die sich über unsere Neugier und Kreativität legen – darüber machen sich kurioserweise die wenigsten Menschen Gedanken. Niemand fürchtet sich davor, obwohl wir allen Anlass dazu hätten.

Nun *will* sich ja niemand von uns davor fürchten, älter zu werden. Woher kommt also diese Angst? Sie »überkommt« uns. Oder mit anderen Worten: Es sind die Affen in unserem Kopf, die unseren Blick auf Falten, Glatzen, schlaffe Bäuchlein und so weiter lenken und den Gedanken erzeugen, dass das alles ganz furchtbar ist und wir den natürlichen Lauf der Dinge so schnell wie möglich bekämpfen müssen.

Wenn sich die Affen zur Falten-Mafia zusammentun, kann das weitreichende Konsequenzen haben. Manche davon können sogar ganz positiv sein. Wenn die Affen-Mafia ein wenig beruhigt wird, indem man sich mehr bewegt und kein Junkfood in sich reinstopft, ist das ja prima – wenngleich es die Ängste nicht wirklich behebt. Die Investition in allerlei Cremes und »Anti-Aging«-Mittelchen ist immerhin meist noch ziemlich harmlos; aber spätestens bei Operationen, die die »Jugend« erhalten sollen, wird es heftig. Dann hat die Mafia gewonnen und die Affen klatschen sich vor Genugtuung auf die behaarten Oberschenkel.

Lass dir von der Falten-Mafia nicht dein Leben vermiesen, lass dich nicht herumkommandieren. Beruhige die Affenbande und finde inneren Frieden. Das fühlt sich sehr viel besser an – und es gibt kein noch so teures Mittelchen, dass deinen Geist und deinen Körper so lange jung und vital halten kann, wie Gelassenheit und liebevolle Achtsamkeit.

Die Heilsarmee

Die Affen der Verwirrung, der Urteile und der Sorgen als Bande

In der Welt gibt es eine Menge Probleme. Das ist unübersehbar. Und das aktiviert eine Affen-Mafia, die auf den ersten Blick so gar nicht mafiös erscheint: die Heilsarmee aus den inneren Affen der Verwirrung, der Urteile und der Sorgen. Sie lassen einen Gedanken zum alles beherrschenden Gedanken werden: »Ich muss die Welt retten!«

Und was wäre auch verkehrt daran? Greta Thunberg und ihre Bewegung »Fridays for Future«, Greenpeace und einige andere leisten doch gar nicht zu überschätzende Arbeit! Ist es nicht wirklich endlich an der Zeit, umzukehren?

Allerdings!

Aber das hat nichts mit der Affen-Mafia zu tun. Kein bisschen. Die Affen-Mafia der Heilsarmee jammert, predigt, macht dich unzufrieden und lässt dich zum Missionar oder zur Missionarin für Nebensächlichkeiten werden. Denn was *tust* du wirklich, wenn die Heilsarmee ständig deine Gedanken in Besitz nimmt? Sie lässt dich denken: »Ich muss die Welt retten!« Aber sie lässt dich nicht darüber nachdenken, *wie* du die Welt tatsächlich besser machst, geschweige denn, dass du aktiv zu werden beginnst.

Sie lässt dich vielleicht den Müll ordentlich trennen. Aber sie lässt dich nicht darüber nachdenken, dass du damit die Aufgabe der Verpackungsindustrie übernimmst und sie damit am Leben erhältst.

Der Gedanke, die Welt schöner zu machen, ist wunderbar und wertvoll. Aber Denken allein ist der sichere Weg zu Unzufriedenheit und Verbitterung. Er macht die Welt nicht besser, und deine innere Welt macht er sogar schlechter. Vergiss nicht, dass die Affen in deinem Kopf kein Interesse an dem haben, was du *tust*; sie konzentrieren sich einzig auf das, was du denkst und fühlst. Und sie erzeugen sehr viel Staub um nichts.

Du hast die Kraft, tatsächlich etwas zu bewirken – jeder Mensch hat sie. Doch das wird nur funktionieren, wenn dein Geist ruhig und klar genug wird, dass du deinen Weg erkennst und ihn auch beschreitest. Und das wiederum kann nur funktionieren, wenn du zuvor erkennst, welche mentalen Fallen es gibt und wann du gefährdet bist, in sie hineinzutappen.

Die Jammer-Mafia

Die Affen der Verwirrung, der Urteile und der Unzufriedenheit als Bande

Kennst du auch Leute, die ständig jammern und allen Ernstes sagen: »Allen anderen geht es besser als mir!« Wenn du nicht zu diesen Menschen gehörst, werden sie dich wahrscheinlich ziemlich nerven. Wie kann man nur so etwas ernsthaft behaupten?

Während du den letzten Absatz gelesen hast, sind etwa zehn Menschen an Hunger gestorben. Und wir könnten jetzt noch weitere grausige Tatsachen aufzählen, warum es rational betrachtet unfassbarer Unsinn ist, zu behaupten, allen anderen ginge es besser. »Aber das ist ja klar – ich meine: Allen in meiner Umgebung geht es besser.«

Ist das so? Rational gesehen natürlich nicht. Doch die rationale Betrachtungsweise ist eben ausschließlich rational; sie lässt außer Acht, dass die Betroffenen durchaus das sehr reale Gefühl haben, dass es jedem, dem sie begegnen, besser geht als ihnen. Zahlen und Statistiken werden nur in sehr seltenen Fällen dabei helfen, dass sie sich besser fühlen.

Die Jammer-Mafia aus den Affen der Verwirrung, des Urteilens und der Unzufriedenheit zerstört jeden positiven Gedanken und blockiert alles Gute, Schöne und Angenehme im Leben. Wer von ihnen befallen ist, leidet nicht nur eingebildet, sondern tatsächlich. Und um dieser Misere zu entkommen, helfen keine rationalen Vergleiche oder Argumente. Doch durch Mitgefühl und Selbstmitgefühl, durch Loslassen und Erkenntnis lässt sich die Jammer-Mafia ebenso beruhigen wie alle anderen Affenarten. Das geht nicht von selbst, sondern es braucht einige effektive Strategien, um für Ruhe im eigenen Geist zu sorgen. Genau diese Strategien wirst du im nächsten Teil dieses Buches ausführlich kennenlernen.

Die zehn Affen-Mafias, von denen du gerade gelesen hast, sind relativ weitverbreitet – aber es sind leider weiß Gott nicht die einzigen. Wahrscheinlich kannst du selbst noch weitere finden. Je genauer du dein Denken beobachtest, desto leichter wird dir das fallen. Wir finden jedoch, dass du nun schon einen guten Eindruck davon bekommen hast, wie vielschichtig die Affen im Kopf wirken und was sie so alles anrichten können.

Gute Absichten

»Oje«, sagte Herr K. »Jetzt, wo ich diese ganzen Affen im Kopf kenne, möchte ich sie wirklich schnell loswerden!«

Der Rabe schüttelte den Kopf. »Wie wollen Sie das denn anstellen?«

»Was heißt denn das nun wieder?«, sagte Herr K. und verzog den Mund. »Warum haben Sie mir das denn dann alles erzählt? Was habe ich davon, wenn ich die Affen kenne, aber nichts machen kann?«

»Ich habe doch nicht gesagt, dass Sie nichts machen können«, erwiderte der Rabe. »Ich habe nur gefragt, wie Sie es denn anstellen wollen, die Affen im Kopf loszuwerden.«

»Ja, aber das ist doch dasselbe! Warum fragen Sie mich, wie ich die Affen im Kopf loswerden will? Ich dachte, Sie wollten mir das erklären!«

»Nein. Denn das geht nicht.«

»Um Himmels willen! Was sollte denn das Ganze dann überhaupt? Wenn es gar nicht möglich ist, die Affen loszuwerden, ist das doch dasselbe, wie zu sagen, dass man nichts machen kann.«

Der Rabe schüttelte den Kopf. »Sie sind zu voreilig mit Ihren Schlüssen. Ich hatte gehofft, dass Sie es vielleicht selbst erkennen: Die Affen im Kopf sind ein Teil von Ihnen. Und Sie können sich ja nicht selbst loswerden.«

»Dann muss ich also lernen, mit diesen boshaften und schädlichen Teilen meiner selbst zurechtzukommen? Ist es etwa das, was Sie mir sagen wollen? Ich glaube nicht, dass ich das kann oder auch nur will.«

»Und schon sind Sie wieder zu voreilig. Sind diese Teile Ihres Selbst denn wirklich so boshaft und schädlich …«

»Ja, natürlich!«, rief Herr K. aufgeregt.

»… oder ist nur das, was sie tun, schädlich?«

»Ach, kommen Sie«, sagte Herr K. etwas genervt. »Das ist doch Wortklauberei. Das ist doch ein und dasselbe!«

»Mitnichten«, sagte der Rabe. »Warum sind denn diese Affen in Ihrem Kopf? Wie könnte es denn sein, dass Sie sich selbst schaden wollen? Verstehen Sie nicht, dass jeder einzelne Affe im Kopf eine gute Absicht hat? Nur die Art und Weise, wie er die gute Absicht verwirklicht – die ist eben oft ganz und gar nicht hilfreich.«

Wenn du wirklich voll und ganz begreifst, dass es weder einen »inneren Schweinehund«, noch boshafte Affen in deinem Kopf gibt, die dir schaden wollen, ist das der erste große und vielleicht auch wichtigste Schritt hin zu innerem Frieden und Gelassenheit.

Vielleicht leuchtet dir das noch nicht ganz ein – immerhin scheint ja erst einmal sehr klar zu sein, dass es Triebe und Impulse in dir gibt, die schädlich sind. Möglicherweise rauchst oder trinkst du ja zu viel – und das, obwohl du eigentlich ganz genau weißt, dass dir das nicht guttut. Vielleicht bist du deiner Meinung nach auch zu faul und würdest eigentlich gern mehr Sport treiben, eine Sprache oder ein Musikinstrument lernen oder ein Buch schreiben … Es könnte auch gut sein, dass du viel zu oft wütend wirst, zu ungeduldig bist oder zu viele Ängste hast. Das sind schließlich alles Dinge, die dir offensichtlich schaden. Und da ist es doch nur zu verständlich, dass man diese »inneren Schweinehunde«, »inneren Süchtlinge«, »inneren Faulpelze«, »inneren Angsthasen« oder eben seine »Affen im Kopf« loswerden will.

Wenn wir behaupten, dass all diese Teile, diese inneren Affen zu dir gehören, fragst du dich wahrscheinlich, was das heißen soll. Ist das dann nicht wie eine Warze, die ja auch in gewisser Weise zu dir gehört, oder gar ein Krebsgeschwür? Das würdest du doch bestimmt auch herausschneiden lassen oder sonst irgendwie loswerden wollen. Der Vergleich mit dem Geschwür passt jedoch nicht recht. Wir behaupten ja einerseits, dass du die Affen im Kopf nicht loswerden kannst (im Gegensatz zu einer Warze oder einem Geschwür), andererseits aber vor allem auch, dass sie dir nie schaden wollen und gar nicht wirklich boshaft sind.

Okay, fangen wir mal mit einer Idee an, um das etwas klarer zu machen: Du bist nicht immer ein und derselbe Mensch; deine Gefühle, deine inneren Bilder, deine Motivation, ja selbst deine Körpersprache und der Ton deiner Stimme unterscheiden sich ganz grundlegend, je nachdem, ob du mit einem Straßenräuber, deinem Chef, einem Kollegen, einer Freundin oder deinem Partner kommunizierst.

Auch wenn du letztlich natürlich immer du selbst bist, wirst du dich besser verstehen können, wenn du diese Bündel aus verschiedenen Motiven, Gefühlen und Denkmustern als deine »inneren Persönlichkeiten« betrachtest. Und wie du dir denken kannst, will keine dieser »inneren Persönlichkeiten« dir schaden: Auch wenn sie ganz unterschiedliche Bedürfnisse haben, repräsentieren sie letztlich alle deine inneren Bedürfnisse, und das hat nichts damit zu tun, dass da »böse Teile« in dir wären.

Jede einzelne deiner inneren Persönlichkeiten hat eine gute Absicht! Immer!

Zugegeben – die Art und Weise, wie sie diese gute Absicht umsetzen, ist manchmal überhaupt nicht hilfreich. Beispielsweise dein »inneres Kind«: Es ist eben wie ein Kind – es vertraut Erwachsenen bedingungslos, ist ungeheuer kreativ und fantasievoll und es kann schnell Angst bekommen, wenn es Unbekanntem begegnet. Doch natürlich ist dein inneres Kind nie und nimmer böse oder dumm, und es will dir nicht schaden! Ebenso wenig wie dein innerer Träumer oder dein innerer Kritiker.

Schau dir mal genau an, welche inneren Persönlichkeiten du in den verschiedenen Momenten deines Lebens in dir findest, und überlege, welche guten Absichten sie haben könnten.

Nehmen wir zum Beispiel den berüchtigten »inneren Schweinehund«, der dich zurückhält, wenn du dir vornimmst, nun jeden Tag im Park zu laufen oder Yoga zu machen. Dieser »innere Schweinehund« will dir gar nicht schaden: Er will, dass du dich entspannst und gechillt bist. Sicher – das ist zwar nicht hilfreich, wenn du dir vornimmst, aktiver zu werden. Aber seine *Absicht* – nämlich entspannt zu leben – ist eine gute.

Auch die Affen in deinem Kopf sind solche inneren Persönlichkeiten. Und jeder einzelne hat eine gute Absicht.

»Ja, das ist interessant«, sagte Herr K. nachdenklich. »Aber was hilft mir das? Ich muss zugeben: Es fühlt sich schon etwas besser an. Aber es löst die Probleme nicht.«

»Vielleicht nicht gleich und sofort und umfassend«, antwortete der Rabe. »Aber Sie sagen ja selbst, dass es sich schon ein wenig besser anfühlt, zu wissen, dass all diese Affen, die oft so lästig werden, eigentlich etwas Gutes wollen.«

»Tja, aber ich sehe immer noch nicht, wie das helfen kann.«

»Dann stellen Sie sich doch mal vor, dass Ihre Affen im Kopf ebenso wie auch all Ihre ›guten‹ Motive und Verhaltensweisen, Mitarbeiter einer Firma sind – und Sie sind der Chef. Ihre Firma hat aber die Strategie, dass jeder Mitarbeiter zugleich Teilhaber der Firma ist. Sie können also sicher sein, dass jeder einzelne Mitarbeiter will, dass die Firma floriert.«

»Ja, das klingt interessant. Aber ich verstehe immer noch nicht: Was bringt das, wenn manche Mitarbeiter nicht tun, was ich will? Dann muss ich doch durchgreifen …«

»Wirklich? Meinen Sie, das ist der beste Weg, Ihre Mitarbeiter zu motivieren?«

»Hm. Ich weiß nicht.«

»Überlegen Sie mal: Ein Mitarbeiter tut etwas, das Sie nicht gut finden. Beispielsweise veranstaltet er jede Woche eine kleine Firmenfeier, während der die Arbeit brach liegt.«

»Na, dem würde ich was erzählen!«

»Vielleicht würden Sie sich ärgern und ihm Namen wie ›Saboteur‹, ›Faulenzer‹ oder ›Verantwortungsloser Schmarotzer‹ geben …«

»Allerdings.«

»Und wenn Sie ihn dann wütend ansprechen und ihn ›Saboteur‹ nennen – wird er Ihnen dann interessiert und offen zuhören? Wird er den Eindruck haben, dass Sie ihn verstehen und wertschätzen? Was glauben Sie?«

»Na ja – das vielleicht nicht gerade. Aber er ist ja nun mal ein Saboteur.«

»Wirklich? Ist er das? Wie würde Ihre Begegnung wohl verlaufen, wenn Sie grundsätzlich davon ausgehen würden, dass er eine gute Absicht hat, die Sie noch nicht kennen? Wenn Sie ihm einen wertschätzenden Namen geben? Beispielsweise: ›Party-Freund‹? Oder wenn Sie schon ein wenig über ihn und seine mögliche gute Absicht nachgedacht haben, könnten sie ihn auch ›Mitarbeiter-Motivator‹ oder ›Lebensfreude-Erhalter‹ nennen.«

»Hm. Ah! Ja … Ich beginne zu verstehen, auf was Sie hinauswollen. Aber wenn dadurch die Firma Schaden nimmt, weil ja nicht einfach die Arbeit einen ganzen Tag liegen gelassen werden kann?«

»Ganz genau! Darum sollte es in dem Gespräch dann auch gehen: Sie sprechen wertschätzend mit ihm und Sie erklären, was für ein Problem es gibt. Sie versuchen, seine gute Absicht genau kennenzulernen – und dann bedanken Sie sich für diese positive Absicht und besprechen mit ihm, wie das mit dem ›Mitarbeiter-Motivieren‹ vielleicht besser klappen könnte. Glauben Sie nicht, dass das besser als eine Abmahnung funktioniert?«

Herr K. schwieg eine ganze Weile. Plötzlich begannen seine Augen zu leuchten und ein breites Lächeln erschien auf seinem Gesicht. »Ja, verflixt noch mal! Das wäre wohl tatsächlich besser! Und die Affen im Kopf – das sind auch solche Mitarbeiter? Na so was. Ich habe das Gefühl, dass sich die meisten Probleme vielleicht doch sehr viel einfacher lösen lassen, als ich dachte …«

Geht es dir vielleicht auch ein wenig wie Herrn K.? Kannst du dir vorstellen, dass es dir gelingen könnte, die guten Absichten der nervigen Affen im Kopf zu verstehen und Wege zu finden, diese guten Absichten zu verwirklichen? Also nicht nur die Affen zu beruhigen, sondern ihre guten Absichten und ihre Fähigkeiten aktiv zu nutzen, um zu innerem Frieden, Gelassenheit und mehr Effektivität zu finden?

Es werden natürlich nicht alle Probleme auf einen Schlag verschwinden. Ängste, Sorgen, Selbstzweifel oder Ärger werden dich noch oft genug nerven; vielleicht etwas weniger als früher, aber immer noch regelmäßig. Doch eines dürfte sich verändern: Du erkennst, dass du auf dem richtigen Weg bist. Du fängst an, mehr und mehr loszulassen. Und du beginnst zu spüren, wie du ein wenig mehr eins mit dir wirst, wenn du wirklich verstanden hast, dass nichts in dir böse und schlecht ist, sondern dass die Affen in deinem Geist nur noch nicht den richtigen Weg gefunden haben, dich in jeder Hinsicht erfolgreich, glücklich oder gelassen zu machen.

Bist *du* aber erst einmal auf dem richtigen Weg, geht es sich leichter. Und noch leichter geht es sich, wenn du weißt, wie du auf deinem Weg am besten vorankommst und welche Abzweigungen du nehmen solltest, um sicher an dein Ziel zu kommen. Im nächsten Teil dieses Buches wird es genau darum gehen. Du wirst effektive Methoden kennenlernen, um in Frieden mit den Affen in deinem Kopf zu leben. So werden sie sich immer mehr entspannen können, woraus folgt, dass natürlich auch du immer entspannter, freier und unbeschwerter werden wirst.

Sprach der Rabe: »Erkennen ist der erste Schritt, der zweite ist Verstehen. Und dann musst du einfach weitergehen.«

Die Affenbande zähmen

Nachdem du nun zunächst mal einen Überblick darüber gewonnen hast, welche Affenarten es so gibt und wie sie dir das Leben schwer machen, stellt sich jetzt natürlich die Frage: »Was tun mit den wilden Affen?«

Die vielen Gedanken, Gefühle und Stimmungen, denen wir ständig ausgesetzt sind, verursachen nicht nur viel Unruhe. Die Affen in unserem Kopf beeinflussen auch unser Verhalten, und das nicht gerade zu unserem Vorteil. Sie bestimmen, wie wir uns fühlen, wie wir mit anderen umgehen und wie wir Schwierigkeiten begegnen. Und sehr oft stehen die Affen uns im Weg, beispielsweise wenn wir ein Ziel erreichen wollen und sie uns mit ihrem ständigen Quengeln vom Wesentlichen ablenken. Oder wenn wir dauernd an uns selbst zweifeln, weil sie uns einflüstern, dass wir wertlos und zu absolut nichts nütze sind.

Das Problem sind aber gar nicht die Affen, nicht die negativen Gedanken und Gefühle. Vielmehr haben wir bisher einfach nur noch nicht gelernt, auf eine gelassene, mitfühlende Weise mit ihnen umzugehen.

Das Problem ist, dass wir meist zu wenig Abstand zu unseren belastenden Gefühlen und Gedanken haben. Wenn du dich zu sehr mit dem Affentheater in deinem Kopf identifizierst, führt das zu Stress – und dann fühlst du dich gehetzt und unfrei.

Das Schreibtischäffchen-Dilemma

»Monkeymind« – dieser von Buddhisten häufig gebrauchte Begriff ist eine Wirklichkeit, die du Tag für Tag erfahren kannst, wenn du mal genauer darauf achtest. Nehmen wir doch einmal an … du hast dich gerade an deinen Schreibtisch gesetzt, den Computer hochgefahren und willst ein paar wichtige Mails beantworten. Doch noch bevor du die erste Mail geöffnet hast, hüpft auf einmal ein kleines Äffchen auf deinen Schreibtisch und beginnt zu schnattern. An sich ist das Kerlchen ja ganz süß und will scheinbar nur spielen. Auf den zweiten Blick entpuppt es sich jedoch als Affe der Verwirrung. Er redet dir ein, dass du dir jetzt erst einmal ein paar YouTube-Clips ansehen und dann bei Facebook reinschauen solltest – und natürlich solltest du unbedingt noch die Wettervorhersage checken, und wenn du schon dabei bist, kann ein Blick auf die Top-News auch nicht schaden … Du möchtest jetzt aber eigentlich lieber deine Mails bearbeiten, da dir sonst nachher die Zeit davonläuft. Was also tun?

Wir wissen natürlich nicht, wie du dich in solchen oder ähnlichen Situationen verhältst. Dafür können wir dir aber verraten, was die meisten Menschen so alles machen, wenn sie es mit ihren inneren Affen zu tun bekommen:

1. **Sie versuchen, das Äffchen zu verjagen:** Das ist jedoch keine gute Idee. Affen sind hartnäckig – sie kommen immer wieder zurück, durchs Fenster, durch die Hintertür, durch jede kleine Ritze. So schnell wirst du sie nicht los.

2. **Sie versuchen, das Äffchen zu ignorieren:** Auch nicht viel besser. Gelegentlich klappt es zwar ganz gut, wegzuschauen und den Kopf in den Sand zu stecken. Das Blöde ist nur: Der Affe sitzt ja nicht leibhaftig auf deinem Schreibtisch, sondern als mentaler Störenfried in deinem Kopf. Da nützt der Sand drum herum auch nichts. Die meisten Affen lassen sich schlichtweg nicht ignorieren.

Sie hüpfen und schreien umso wilder herum, je weniger du sie beachtest. Denn genau das wollen sie ja eigentlich: deine Aufmerksamkeit.

3. **Sie versuchen, zu fliehen:** Manchmal ist es gar keine so schlechte Idee, einen Spaziergang um den Block zu machen, um seinen Kopf wieder frei bekommen. Im Alltag ist es aber leider nur sehr selten möglich, vor seinen Affen – und das gilt besonders für die Lieblingsaffen – wegzulaufen. Wusstest du, dass ein Schimpanse locker 40 Kilometer in der Stunde schafft und damit fast jedem Sprinter davonläuft? Gegen unsere inneren Affen ist das allerdings gar nichts, denn die sind in Gedankenblitzschnelle unterwegs. Und trotzdem versuchen wir immer wieder, vor ihnen zu fliehen. Und zwar meistens, indem wir uns ablenken. Statt uns ein bisschen Zeit zu nehmen und uns unsere schwierigen Gefühle oder negativen Gedanken einmal genauer anzusehen, flüchten wir. Wenn wir einigermaßen klug sind, wenigstens in Sport oder Bücher; oft aber greifen wir zu Alkohol, Zigaretten, zur TV-Fernbedienung oder Computermaus. In einem dumpfen Schädel scheinen die Affen ja tatsächlich auch erst mal nicht mehr so präsent, nicht mehr so drängend zu sein. Dafür büßen wir an Leichtigkeit und Freiheit ein. Und an Klarheit sowieso. Vor allem aber werden wir nie lernen, in Frieden mit ihnen zu leben, solange wir immer nur fliehen.

Und jetzt? Was kannst du stattdessen tun? Du kannst irgendwelche dahergelaufenen Affen ja schlecht auf deinem Schreibtisch sitzen lassen, jedenfalls nicht, solange sie dir auf der Nase herumtanzen beziehungsweise mit ihren Pfoten auf deiner Tastatur herumspielen.

Wenn Wegjagen, Wegschauen und Weglaufen nichts bringt, braucht es eine andere Strategie. Davon gibt es zum Glück einige. Die effektivsten Methoden wurden von Menschen entdeckt, die schon vor Jahrtausenden vor ähnlichen Problemen standen. Zum Beispiel von Buddhisten. Die haben Meditationstechniken entwickelt, um den Geist zur Ruhe zu bringen und inneren Frieden zu finden. Auf diesen Techniken beruht auch die folgende Strategie, die wir jedoch an heutige Bedürfnisse und an unser Leben in einer vollkommen verrückt gewordenen Welt angepasst haben.

Annehmen und loslassen: Du hast die W.A.H.L.

In den folgenden Kapiteln werden wir dir eine wirkungsvolle Möglichkeit zeigen, um deinen Geist zur Ruhe zu bringen und mehr Klarheit zu gewinnen: die *W.A.H.L.-Methode.* Wann immer Chaos in deinem Kopf oder in deinem Herzen herrscht, kannst du vier einfache Schritte anwenden, um für Ordnung in deinem Inneren zu sorgen, oder etwas spiritueller ausgedrückt: um deinen Geist zu reinigen.

Die W.A.H.L.-Methode hilft dir, Sorgen, Wut, Selbstzweifel, Ängste, Neid oder Gier loszulassen. Es handelt sich dabei jedoch nicht einfach um eine Entspannungsmethode – nicht um einen »Psychotrick«, der dir hilft, ein bisschen lockerer draufzukommen. Entspannter und mit weniger Stress zu leben ist zweifellos eine schöne und wichtige »Nebenwirkung«; darüber hinaus geht es bei jedem einzelnen Schritt der W.A.H.L.-Methode jedoch vor allem darum, mehr Gelassenheit, Einsicht und geistige Freiheit zu gewinnen und mit der Zeit immer achtsamer und mitfühlender zu werden.

In vier Schritten lernst du,

- genauer hinzusehen und dich und deine Reaktionsmuster zu erkennen,
- innere Klarheit zu gewinnen,

- dich deinen Gedanken und Gefühlen ausnahmslos zu stellen, und Ja zu ihnen zu sagen, statt vor ihnen wegzulaufen oder dich selbst zu bekämpfen,
- dein Herz zu öffnen,
- deinen Fokus ganz auf die Gegenwart auszurichten,
- deinen inneren Raum weit werden zu lassen,
- loszulassen und gelassener zu leben.

Hier ein erster Überblick über die vier Schritte:

- »**W**« steht für »**Wahrnehmen**«: Schau deinen Affen ins Gesicht, erkenne, was abläuft, richte deine Achtsamkeit auf das, was in deinem Kopf und deinem Herzen geschieht.
- »**A**« steht für »**Annehmen**«: Statt deine inneren Affen zu verjagen, solltest du ihnen ruhig und freundlich begegnen. Bleibe offen für das, was ist. Bring allen Empfindungen und Gedanken liebevolle Achtsamkeit entgegen.
- »**H**« steht für »**Hier und Jetzt**«: Kehre immer wieder in dein Zentrum zurück. Nutze deinen Atem, um dich mit dem gegenwärtigen Augenblick zu verbinden.
- »**L**« steht für »**Loslassen**«: Entspanne dich, entspanne deinen Körper und deinen Geist. Lass den Dingen ihren Lauf.

W wie Wahrnehmen: Erkennen, was ist

»Was ist los in meinem Kopf?« Das ist die erste und wichtigste Frage, die du dir stellen solltest, wann immer …

- du unglücklich bist,
- du dich gestresst oder gehetzt fühlst,
- dich belastende Gefühle wie Ärger, Wut oder Eifersucht im Griff haben,
- du dich erschöpft, ausgelaugt oder energielos fühlst,
- du dich nicht entspannen oder nicht einschlafen kannst,
- du schlecht gelaunt bist.

Wir denken mindestens 60 000 Gedanken am Tag. Schätzungen zufolge sind nur rund drei Prozent davon positiv, aufbauend und produktiv. Der größte Teil ist einfach nur Quatsch – unzählige kleine neuronale Entladungen, von denen wir die meisten gar nicht bemerken, wenngleich sie trotzdem Auswirkungen auf uns haben.

Auch negative Gedanken, wie beispielsweise belastende Glaubenssätze, nehmen viel Raum in unserem Kopf ein. Das hat evolutionäre Gründe: Es ist einfach wichtiger für unser Überleben, Gefahren und Bedrohungen zu entdecken, als das Augenmerk auf schöne Landschaften zu richten. Der Blick auf das Negative ist uns also in gewisser Weise angeboren. Kein Wunder, wenn wir da oft das Gefühl haben, im Gefängnis unserer nervigen Gedanken festzusitzen. Oder unserer negativen Gefühle.

»Sind es nun meine Gedanken oder Gefühle, die mich unruhig machen?«, fragte Herr K.

»Was denken Sie denn?«, sagte der Rabe und lächelte.

»Ha ha, sehr lustig. Ich weiß jedenfalls, dass ich unruhig bin.« Herr K. sah den Raben herausfordernd an.

»Und das genügt auch. Unruhe ist da – sie kommt und wird wieder gehen. Das zu erkennen bringt Ruhe, darüber nachzudenken erzeugt noch mehr Unruhe«, sprach der Rabe und flog davon.

Denken und Fühlen sind schwer zu trennen. Gedanken tauchen oft gemeinsam mit Gefühlen auf oder sie bewirken erst die Gefühle. Das geschieht allerdings so blitzschnell, dass wir es gar nicht mitkriegen: Du denkst an den morgigen Arzttermin, wo dir deine Diagnose mitgeteilt werden wird – und sofort führt diese Vorstellung zu Unruhe und Nervosität. Du wirfst einen Blick auf deine Kontoauszüge und siehst, dass das Geld nicht reicht, um deine nächste Miete zu bezahlen – und schneller, als du bis drei zählen kannst, sitzt dir der Affe der Sorge auf dem Schoß. Die Erinnerung an einen Streit weckt Ärger, die Vorstellung vom nächsten Urlaub Freude und so weiter.

Denken erzeugt Fühlen.

Andererseits erzeugen deine Stimmung und dein Gefühlstonus umgekehrt bestimmte Gedanken. Und auch dein Körper hat in diesem Kreislauf ein Wörtchen mitzureden. Übelkeit wirkt sich zum Beispiel übel auf dein Denken aus und Fieber führt erst recht zu verrückten Gedanken und beängstigenden Gefühlen … oder ist es andersrum? Immerhin behaupten tibetische Ärzte ja, dass jede körperliche Erkrankung im Geist entsteht. Aber weißt du was: Ob Henne oder Ei, es ist vollkommen egal, wer zuerst da war – am Ende haben wir's mit beiden zu tun.

Um die Affen in deinem Kopf zu zähmen, musst du nicht zwischen Gedanken und Gefühlen unterscheiden können. Wichtig ist einzig und allein, dass du erkennst, was das übergeordnete Thema ist – welcher Affe es also ist, der dir gerade das Leben schwer macht.

Finde das Alphatier

Welches ist der dominante Affe? Womit hast du es zu tun? Ob im Alltag oder in der Meditation – indem du genau hinschaust und den Affen identifizierst, der dir jeweils durch den Geist hüpft, ist der erste Schritt in die Freiheit getan.

Oft ist es ziemlich eindeutig, wer das Alphamännchen oder Alphaweibchen ist. Vielleicht kommt dir folgendes Beispiel bekannt vor: Du liegst schon seit einer halben Stunde im Bett und kannst einfach nicht einschlafen, obwohl es schon auf Mitternacht zugeht. Du stehst auf, öffnest das Fenster, legst dich hin, stehst wieder auf, schließt das Fenster, legst dich wieder hin … Du wälzt dich hin und her, während dir die Gedanken durch den Kopf rauschen.

Aber wo ist der Alphaaffe? Wo versteckt sich der Kerl? Wer gibt das Thema vor, zu dem alle andern Gefühle und Gedanken nur Variationen sind?

Wenn du sehr genau beobachtest, erkennst du dann zum Beispiel: Es sind Sorgen – Sorgen um deine Kinder, deinen Partner, deine Gesundheit oder deine Zukunft. Sobald du das erkannt hast, kannst du dir innerlich sagen: »Aha! Der Affe der Sorge ist zu Besuch.« Oder du denkst an eine Kollegin, die gestern eine abfällige Bemerkung über deine Leistung gemacht hat: »Aha! Der Affe des Ärgers.«

Dies ist der erste Schritt der W.A.H.L.-Methode – das Wahrnehmen: »Aha!«

Meistens musst du nicht lange suchen. Das Alphatier ist nicht zu übersehen – »Aha! Angst …, Unzufriedenheit …, Gier …, Vergangenheit…, Gedanken an die Zukunft …« Es wird dich sicher nicht wundern, dass es vor allem deine Lieblingsaffen sind, die du im Test des ersten Kapitels kennengelernt hast, die besonders oft auf die mentale Bühne hüpfen.

Hinter den Vorhang schauen

Ein ruhiger, gelassener und heiterer Geist ist die absolute Ausnahme. Von ausgesprochen ausgeglichenen Menschen und solchen mit langjähriger Meditationserfahrung einmal abgesehen, haben alle mit den inneren Affen zu tun – der eine mehr, der andere weniger, die eine öfter, die andere seltener. Glaub also bloß nicht, dass etwas mit dir nicht stimmt, nur weil du gereizt, gestresst, energielos oder auf sonstige Weise unausgeglichen bist. Das ist vollkommen normal.

Nun ist das, was normal ist, allerdings nicht unbedingt gesund, geschweige denn erstrebenswert. Wir haben dieses Buch geschrieben, um dir zu zeigen, dass du dich nicht damit abfinden musst, unzufrieden, ängstlich oder bedrückt zu sein, nur weil das für viele der Normalzustand ist. Ebenso wie jeder Mensch hast auch du grundsätzlich die Möglichkeit, voller Energie und Freude zu leben, begleitet von dem wunderbaren Gefühl, in deiner Mitte zu ruhen und ganz du selbst zu sein.

So weit die gute Nachricht. Die schlechte ist, dass das nicht von selbst passieren wird. Wenn du dich nicht mit deinem Geist beschäftigst, wird sich auch nicht viel verändern.

So wie du deinen Körper nicht trainieren kannst, wenn du auf dem Sofa liegen bleibst, kannst du deinen Geist nicht befreien, solange du im Autopilot-Modus stecken bleibst oder im Halbschlaf lebst.

Die Affen in deinem Kopf bieten dir die Chance, einmal genauer hinzuschauen, welche Gedanken und Gefühle derzeit in deinem Leben vorherrschen. Im ersten Teil des Buches hast du bestimmt schon herausgefunden, welche Affen dir am meisten zu schaffen machen, und deine »Schwachpunkte« anhand des Affogramms entdeckt. Nun ist es an der Zeit, noch einen Schritt weiterzugehen: Der Trick dabei besteht darin, dass du lernst, in deinen Geist zu schauen und das Spielchen, das deine Affen dort treiben, zu entlarven.

Je öfter du versuchst wahrzunehmen, was in dir vorgeht, desto leichter wird es dir mit der Zeit fallen, schon sanfte emotionale Brisen zu beruhigen, bevor sie zu Gefühlsstürmen werden. Gelegenheiten dazu bieten sich überall. Zum Beispiel in dem Augenblick …

- … wo du schlecht vorbereitet die Präsentation halten musst.
- … wo du im Regen auf den Bus wartest, der sich verspätet.
- … wo du sonntags in aller Herrgottsfrüh aufwachst und nicht mehr einschlafen kannst.
- … wo du vor dem Küchenregal stehst und überlegst, dir noch ein Stück Schokolade zu gönnen, obwohl du weißt, dass du es danach bereuen wirst.

- … wo du dich mit deiner Freundin darüber streitest, ob man seine Kinder impfen lassen sollte oder nicht.

Genau in diesem Augenblick: Welcher Affe beherrscht deinen Geist? Manchmal liegt die Antwort auf der Hand, manchmal ist es aber auch schwieriger (und interessanter), denn dann musst du hinter den Vorhang schauen.

Hier ein kleines Beispiel für das, was hinter dem Vorhang des Anscheins so alles abgehen kann: Sagen wir, du steckst im Stau fest. Während du da hinter dem Steuer sitzt, denkst du vielleicht: »Oh mein Gott, es gibt viel zu viele Autos auf der Welt. Wie soll sich da jemals der Zustand der Erde verbessern? Warum fahren eigentlich nicht viel mehr Busse? Höchste Zeit, dass die Politik mal richtig durchgreift. Vielleicht sollte ich nächstes Mal lieber mit dem Rad fahren – ist ja eigentlich nicht weit. Aber … Es nervt mich, dass ich hier feststecke!«

Und nun die Preisfrage: Welcher Affe ist schuld daran, wenn du hier die Nerven verlierst?

- Ärger, dass du nicht vorwärtskommst? Könnte sein.
- Angst ums Klima? Möglich.
- Wut auf die Politiker? Denkbar.
- Unsicherheit, wie du dich selbst verhalten solltest? Wer weiß …

Wenn du damit beginnst, dir das Treiben in deinem Kopf genauer anzusehen, wirst du feststellen, dass Affen gern ihre Kumpel zum Tanz einladen. Das weißt du ja schon, wenn du das Kapitel über die Affen-Mafias gelesen hast. In unserem Beispiel sitzt anfangs womöglich nur der Affe der Sorgen im Auto (»Ich schaffe es nicht rechtzeitig zu meinem Termin!«). Und ehe du dich's versiehst, hast du den ganzen Wagen voller Affen. Macht aber nichts. Wahrnehmen heißt ja nur, dass du das, was ist, klar erkennst. Mehr ist dabei nicht nötig.

Das Wahrnehmen deiner Gedanken und Gefühle gelingt besonders gut, wenn du es übst, wenn du dir regelmäßig etwas Zeit nimmst, dich zurückzuziehen und dich ruhig hinzusetzen, mit anderen Worten: wenn du meditierst. Auch im Alltag kannst du diesen Schritt jederzeit anwenden – sogar, wenn du in Gesellschaft bist, ja sogar mitten in einer hitzigen Diskussion. Du kannst wirklich überall und jederzeit in deinen Geist schauen – wobei sich natürlich fragt, wer da eigentlich in wen hineinschaut …

»Achtsamkeit, ihr Mönche, ist alles«

Hä? Was für Mönche? Geht es hier nicht um Affen?

Doch, klar. Die Überschrift ist nur ein Zitat von Buddha, das die große Bedeutung der Achtsamkeit hervorhebt, und das ist ja nicht nur für Mönche (oder Nonnen) wichtig, sondern für jeden, der glücklicher, entspannter oder sinnerfüllter leben will. Auch in der W.A.H.L.-Methode nimmt Achtsamkeit eine zentrale Rolle ein. Ohne Achtsamkeit funktioniert das Ganze nicht.

Zum Thema Achtsamkeit gibt es mehr Bücher, als man in einem Jahr lesen kann – wenn du dich für das Thema interessierst, findest du einige Vorschläge in den Buchtipps im Anhang. Für unsere Zwecke wollen wir uns jetzt aber auf die wesentlichen Punkte konzentrieren.

Zunächst einmal solltest du wissen, dass Achtsamkeit überhaupt nichts Besonderes ist. Jeder von uns ist viele Male am Tag achtsam, auch wenn wir das oft gar nicht bemerken. Achtsamkeit ist nichts anderes, als die normale menschliche Fähigkeit, unsere Aufmerksamkeit auf die Gegenwart lenken zu können. Du kannst diese Fähigkeit der Achtsamkeit am einfachsten weiterentwickeln, indem du lernst, dein Bewusstsein wie einen Scheinwerfer einzusetzen – ungefähr so wie der Beleuchter im Theater das mit dem Bühnenscheinwerfer, dem »Verfolger« macht. Du richtest das Licht konzentriert auf die Hauptdarsteller – in unserem Fall auf die inneren Affen. Wichtig sind dabei zwei Dinge:

1. **Sei dir deiner Absicht bewusst:** Achtsamkeit ist kein Zufall. Du musst es wollen – es braucht eine Absicht. Du kannst deine Achtsamkeit nur dann entwickeln, wenn du den Entschluss fasst, (wenigstens ab und zu) aufzuwachen und deine Aufmerksamkeit gezielt auf ein bestimmtes Objekt zu lenken – zum Beispiel auf die Geräusche um dich herum oder eben auf deine Affen.

2. **Richte deinen Fokus auf die Gegenwart:** Achtsam kannst du nur im Jetzt sein. Achtsamkeit ist ein Zustand der Geistesgegenwart, in dem du hellwach registrierst, was im gegenwärtigen Moment in dir oder um dich herum geschieht. Du lenkst deine Aufmerksamkeit also nicht auf vergangene Erfahrungen oder auf die Zukunft, sondern ganz auf das Jetzt; auf das, was jetzt und hier in deinem Kopf passiert. (Natürlich ist es dabei durchaus möglich, dass dein Kopf gerade mit Erinnerungen an Vergangenes oder Plänen für die Zukunft beschäftigt ist. Achtsam sein heißt dann aber, dass du diese Gedanken wahrnimmst, ohne sie weiterzuspinnen oder dich darin zu verstricken.)

Allein indem du deinen Fokus auf die Affen richtest, die gerade aktiv sind, gewinnst du bereits etwas mehr Abstand zum mentalen Affentheater.

Drei Fragen, die Wahrnehmung und Achtsamkeit schärfen

Rund zehn Sekunden – länger brauchst du nicht, um im Alltag zwischendurch immer wieder mal auf die Bremse zu treten und in dich zu gehen. Nimm dir diese Zeit so oft wie möglich, denn sonst ist die Gefahr groß, dass du im Hamsterrad der nie endenden Erledigungen stecken bleibst. Dann versäumst du das Wichtigste, was du hast: dich selbst.

Mit diesen drei Fragen kannst du Wahrnehmung und Achtsamkeit trainieren:

1. Was denke ich gerade?
2. Was fühle ich gerade?
3. Wo ist meine Aufmerksamkeit im Moment?

Die Affen beim Namen nennen

In der buddhistischen Meditation gibt es eine sehr effektive Methode, Gelassenheit und Klarheit zu entwickeln. Sie nennt sich »Kategorisieren«. An sich ist das eine ganz natürliche Sache: Wenn kleine Kinder im Alter von ein bis zwei Jahren zu sprechen beginnen, fangen sie zugleich an, die Welt um sich herum klarer zu erkennen: »Mama«, »Auto«, »Affe«. Alles klar …

Kategorisieren bedeutet, dass du in ähnlicher Weise einen Begriff denkst oder aussprichst, der beschreibt, was du gerade wahrnimmst. Und genau darüber haben wir bisher ja auch schon gesprochen: »Aha! Der Affe der Sorgen.« Erinnerst du dich? Du nennst deinen Affen einfach beim Namen – das ist alles.

So wenig sensationell das klingen mag, so wichtig ist es. Indem du deinen belastenden Gedanken oder Gefühlen nämlich geistig ein Etikett aufklebst, sie also kategorisierst, fällt es dir leichter, weiterhin nach ihnen Ausschau zu halten und sie klar zu erkennen. Durch diese Methode kannst du verhindern, dass du von besonders aufdringlichen Affen überwältigt wirst. Kategorisieren schützt dich davor, dich zu verlieren, und begünstigt das Bemerken, das wiederum die Achtsamkeit fördert.

Es stärkt die Konzentration und hilft dir, Gleichmut und Klarheit zu entwickeln. Es schenkt dir einen gesunden inneren Abstand. Du erkennst, dass du weder deine Gedanken noch deine Gefühle *bist*, sondern dass du Gedanken und Gefühle *hast*. Wenn du nämlich denkst: »Aha – da ist Ärger«, oder: »Aha – der Ärger-Affe«, dann ist das eine ganz andere Sache, als zu denken: »Ich *bin* ärgerlich.« Du verstrickst dich nicht mehr so leicht in deine Emotionen.

> »Da ist Ärger«, »Da ist Sorge«, »Da ist Verwirrung« – du spürst deine Gefühle natürlich immer noch, aber du wirst nicht mehr von ihnen überwältigt. Du beobachtest deine Affen achtsam, aber du folgst ihnen nicht mehr in den Urwald.

Die wichtigsten Etiketten auf einen Blick

»Erkennen und benennen.« Diese bewährte Methode, mit deinen inneren Affen zu arbeiten (oder eigentlich besser: zu spielen), erweitert deinen geistigen Raum in kurzer Zeit. Sie ermöglicht es dir nicht nur, deine Denk- und Gefühlsmuster zu erkennen, sondern schenkt dir mehr Handlungsspielraum, da du dich nicht mehr automatisch dazu hinreißen lässt, auf kurzlebige Emotionen mit unbedachten Handlungen zu reagieren. Obwohl das mentale Kategorisieren an sich sehr einfach ist, braucht es gerade anfangs etwas Übung.

In der folgenden Tabelle findest du die wichtigsten Kategorien auf einen Blick. Sie enthält nicht nur die zwölf Hauptaffen, über die wir im ersten Teil des Buches gesprochen haben, sondern auch noch viele andere kleinere oder größere Quälgeister. Je mehr Vokabeln du kennst, desto leichter fällt es dir, eine neue Sprache zu sprechen. Und je mehr Etiketten du zur Verfügung hast, desto klarer und differenzierter kannst du die Affen in deinem Kopf ausmachen. Die folgenden Begriffe sind nur ein Angebot – du kannst sicher noch mehr finden oder dich umgekehrt nur auf einige wenige beschränken.

Angst	Sorgen	Ärger	Selbstzweifel
Unzufriedenheit	Urteilen	Fantasie	Vergangenheit
Zukunft	Gier	Hass	Verwirrung
Selbstverurteilung	Ohnmacht	Trägheit	Müdigkeit
Schuld	Scham	Grübeln	Glaubenssatz
Selbstgespräche	Innere Dialoge	Bild	Musik
Ohrwurm	Vergleichen	Planen	Traurigkeit
Verzweiflung	Neid	Eifersucht	Unruhe
Feindseligkeit	Verzweiflung	Bewerten	Tagtraum

Und was ist mit den positiven Gefühlen und Gedanken? Was ist mit den »lieben« Affen? Die gibt es natürlich auch – gottlob. Doch im Gegensatz zu den lästigen Burschen machen sie dir in der Regel keine Probleme; sie machen dir nicht das Leben schwer. Wenn du dich von Stress befreien, innerlich ruhiger werden und loslassen willst, ist es wichtiger, dass du dich auf die Affen konzentrierst, die dir dabei im Wege stehen. Sehnst du dich hingegen danach, deinen Geist umfassend zu erkennen und das Gesetz der ständigen Wandlung und Vergänglichkeit aller Phänomene zu durchdringen, wünschst du dir Weisheit und Erleuchtung, dann solltest du auch die freundlichen Äffchen erkennen und benennen, wann immer sie auftauchen: »Aha – Freude«, »Aha – Begeisterung«, »Aha – Dankbarkeit« …

Und dabei ist es auch sehr interessant, darauf zu achten, wie »positive« und »negative« Gefühle und Gedanken sich abwechseln und wie deine Stimmungen nicht nur innerhalb eines Tages, sondern schon innerhalb weniger Minuten wechseln. Ein ewiges Auf und Ab von Affen, die erscheinen und wieder verschwinden. Kein Problem, solange du keins draus machst …

Nicht nachdenken, nur wahrnehmen

Die Affen in deinem Kopf wahrzunehmen heißt nicht, dass du anfängst, über sie nachzudenken. Beim Wahrnehmen, der ersten Stufe der W.A.H.L.-Methode, ist es sehr wichtig, tatsächlich nur bei der Wahrnehmung zu bleiben. Es ist ungefähr so, als würdest du an einem Gleis stehen und ein Zug saust vorbei. Du siehst und hörst den Zug, spürst den Luftstrom im Gesicht … Das ist unmittelbares Erleben oder mit anderen Worten: Achtsamkeit. Wenn du aber darüber nachdenkst, woher der Zug wohl kommt, wohin er fahren und was er befördern mag oder ob man Züge nicht so bauen sollte, dass sie weniger Lärm machen, dann bist du im Denken gefangen, dann entgeht dir die Erfahrung des Jetzt.

Wenn du ein Gefühl wahrnimmst, dann analysiere es nicht. Es ist jetzt nicht wichtig, woher es kommt. Es ist egal, ob es ein »gutes« oder »schlechtes« Gefühl ist. Versuche nicht, nach Erklärungen zu suchen. »Ich reagiere so gereizt, weil mein Sternzeichen Steinbock und mein Aszendent Skorpion ist.« – »Ich fühle mich so minderwertig, weil mein Vater Alkoholiker und meine Mutter eine kaltherzige Frau war.«

Es kann ja durchaus sein, dass dein Sternzeichen sich auf dein Verhalten auswirkt. Und es ist sogar sehr wahrscheinlich, dass deine Eltern viel zu deinen heutigen Schwierigkeiten beigetragen haben. Nun bist du allerdings weder Astrologe noch Psychoanalytiker. Und selbst wenn doch, möchten wir dir ans Herz legen, die innere Maschinerie aus Erklärungen, Analysen, Schuldzuweisungen und so weiter ruhen zu lassen. Ursachenforschung ist manchmal natürlich sehr wichtig – zum Beispiel in der Politik oder in der Wissenschaft. Wenn es um innere Affen geht, führt sie allerdings meist nur dazu, dass aus einer einzelnen Wahrnehmung eine ganze Gedankenkette entsteht und du aus einem harmlosen Äffchen eine wilde Gorillahorde machst.

Sprach der Rabe: » Lass deine Gedanken los. Wenn es um innere Ruhe geht, kannst du sicher sein, dass dein Kopf keine Probleme löst. Im Gegenteil: Nachdenken und Grübeln erzeugen nur immer mehr Probleme. Zerbrich dir nicht den Kopf – du hast nur einen.«

A wie Annehmen: Den inneren Affen Raum geben

All die Dinge, die uns täglich passieren, und all die wilden Affen, die in unserem Kopf erscheinen, bedingungslos zu akzeptieren, ist nicht leicht. Der zweite Schritt der W.A.H.L.-Methode ist für die meisten von uns daher auch der schwierigste: Annehmen.

Beim ersten Schritt geht es ja »nur« darum, wahrzunehmen, was in dir vorgeht. Du richtest deinen Fokus auf das, was in deinem Geist geschieht – auf deine Gefühle und Gedanken, und dann klebst du diesen mentalen Affen ein Etikett auf: »Ärger«, »Sorgen«, »Verwirrung« … Schon dieser erste Schritt ist übrigens alles andere als selbstverständlich: Nur sehr wenige Menschen beobachten, was sie denken oder fühlen; die meisten reagieren einfach unbewusst auf ihre Launen!

Richtig interessant wird der Weg zu Gelassenheit und innerer Freiheit aber erst mit dem zweiten Schritt. Wenn du ihn tust, wird sich deine ganze Einstellung schlagartig verändern und du wirst mit sehr viel mehr Leichtigkeit und Freude leben. Dieser zweite Schritt besteht darin, dass du das, was du erkennst, ohne Wenn und Aber annimmst und akzeptierst. Die Frage, die du dir in dieser Phase stellen solltest, lautet:

»Kann ich das, was ist,
so sein lassen, wie es ist?«

Die Herausforderung besteht also darin, die Affen einfach Affen sein zu lassen. Lass sie toben, lass sie Purzelbäume schlagen – beobachte sie nur, ohne zu werten. Einfach ist das natürlich nicht wirklich, weil es uns meist wesentlich leichter fällt, innerlich Nein als Ja zu sagen.

Wenn uns etwas nicht passt, reagieren wir normalerweise mit Ablehnung und bekommen schlechte Laune. Da reicht es schon, dass das Wetter nicht »passt«, weil es regnet, obwohl wir doch heute einen Ausflug machen wollten: »Mist – doofes Wetter. Gerade heute!« Und schon ist es um unsere innere Ruhe geschehen und wir fangen an zu klagen und zu jammern. Und wenn es nicht das Wetter ist, dann regen wir uns darüber auf, dass unser Zug Verspätung hat, unsere Kinder zu viel am Smartphone hängen oder dass zu viele Oliven auf der Pizza sind … Irgendetwas läuft schließlich immer schief und wenn man nur genau genug guckt, findet man das auch.

Doch Widerstand erzeugt Stress. Und als ob wir das nicht wüssten, kämpfen wir immer wieder gegen das an, was ist – und zwar nicht nur gegen äußere Umstände, sondern auch gegen innere Zustände, die uns nicht gefallen. Wenn dir beispielsweise der Affe der Unzufriedenheit oder der Sorgen durch den Kopf hüpft, wenn du traurig, frustriert oder gelangweilt bist, reagierst du wahrscheinlich ähnlich wie auf das schlechte Wetter: »Das soll nicht so sein. Ich will das nicht. Ich will (oder darf) nicht unruhig, ängstlich oder bedrückt sein. Ich sollte gut drauf sein.« Und dann läufst du vor deinen Gefühlen oder Stimmungen weg, indem du dich ablenkst – mit Überstunden, Fernsehen oder Prosecco … Oder aber du beißt tapfer die Zähne zusammen und sagst dir so eigenartige Dinge wie: »Reiß dich zusammen« oder »Kopf hoch«.

Immer wenn du gegen das, was ist, ankämpfst, entsteht eine Spannung zwischen dem wirklichen Leben und deiner Idealvorstellung, zwischen der wirklichen Welt und der Welt in deinem Kopf. Diese Spannung erzeugt Stress. Und die Lösung heißt »loslassen und annehmen«.

Diese Lösung ist übrigens die einzig mögliche, denn an der anderen Schraube kannst du nicht drehen: Du kannst kein schönes Wetter machen und du kannst auch die inneren Affen nicht einfach »wegmachen«. Und das solltest du auch gar nicht, denn ebenso wenig wie es böses Wetter gibt, gibt es böse Affen. »Böse« ist nur eine Wertung, ein Filter, eine Brille auf deiner Nase – aber keine rosarote, sondern eher eine graue.

Deine Gefühle und Gedanken sind allesamt Teile deiner Persönlichkeit. Alle Affen haben eine positive Absicht. Sie sind Botschafter deiner Seele. Deine Affen tragen Geschenke für dich in ihren Pfoten. Aber das wirst du nicht erkennen, wenn du vor ihnen wegläufst oder versuchst, sie zu verjagen. Die einzige Möglichkeit, mit deinen inneren Affen in Frieden zu leben und in den Genuss ihrer Geschenke zu kommen, besteht darin, sie so anzunehmen, wie sie sind. Das klappt aber nur, wenn du auch unangenehme Gefühle wie Ungeduld, Wut oder Eifersucht nicht als »böse« oder »schlecht« bewertest.

Gib deinen Affen mehr Raum. Gibt der Freude in dir Raum. Gib aber ebenso dem Schmerz in dir Raum. Gib ihm die Möglichkeit, gespürt zu werden.

Der zweite Schritt: »Es ist okay«

Du kannst auf eine mitfühlende, achtsame Weise mit den Affen in deinem Kopf umgehen, was ja übrigens nichts anderes heißt, als dass du mitfühlend mit dir selbst umgehst. Das Mantra, dass dir das ermöglicht, lautet:

»Es ist okay.
Es darf so sein, wie es ist.«

Dieses Mantra der Akzeptanz ist sehr mächtig: Einerseits ist es viel wirkungsvoller als die üblichen aussichtslosen Strategien wie Verdrängen, Weglaufen, Manipulieren oder Verurteilen. Andererseits gibst du dir durch dieses Mantra die Erlaubnis, so zu sein, wie du bist. Du hast Angst? Du bist neidisch? Du weißt nicht mehr, wie es weitergehen soll? Macht nichts! »Es ist okay!« Du musst nicht anders sein, du musst nichts ändern, du kannst dich entspannen und das, was ist, annehmen.

»Es ist aber nicht alles okay!«, rief Herr K. »Wenn ich alles okay fände, bräuchte ich mich ja nicht mehr bemühen.«

»Stimmt genau«, antwortete der Rabe. »Stellen Sie sich vor, wie viel Energie Sie haben, wenn Sie sich nicht mehr bemühen müssen!«

Ist das nicht ein sehr befreiendes Gefühl? In dem Augenblick, da du deine ablehnende Haltung aufgibst, kannst du loslassen und lächeln. An einem Beispiel ist das leichter zu erkennen: Nehmen wir mal an, du sitzt im Café, wartest seit zehn Minuten auf deinen Cappuccino und er kommt einfach nicht. Gut möglich, dass das zu Ungeduld führt. Nehmen wir weiter an, du bist wach und achtsam genug, um dich selbst zu beobachten, statt den Ober anzufahren. Dann sehen die ersten beiden Schritte der W.A.H.L.-Methode folgendermaßen aus:

1. **Wahrnehmen.** Du erkennst: »AHA! Da ist der Affe des Ärgers.«

2. **Annehmen.** Du akzeptierst: »Es ist okay. Der Ärger darf da sein.«

Statt »Ärger« kannst du jeden anderen mentalen Affen in die Formel einsetzen – das Ganze funktioniert genauso mit Ungeduld, Hass, Verwirrung, Zukunftsangst, Verzweiflung und so weiter.

Ganz egal, welcher Affe in deinem Kopf für Stress sorgt – schenke ihm deine ganze Aufmerksamkeit. Er ist nämlich nur aus einem Grund da oben: Er möchte wahrgenommen und angenommen werden. Behandle ihn wie einen Gast: »Aha, der Affe des Ärgers ist mal wieder zu Besuch – schau an. Willkommen! Es ist okay. Du darfst da sein.«

Wenn es dir gelingt, deine inneren Zustände nicht nur wahrzunehmen, sondern sie auch anzunehmen – und natürlich muss man das ein paarmal üben –, dann passiert oft etwas ganz Erstaunliches. Der Affe in deinem Kopf wundert sich: »Wie bitte? Ich werde gar nicht verjagt, beschimpft oder ignoriert? Ich darf einfach hier sein, so wie ich bin? Toll – mehr wollte ich ja eigentlich auch gar nicht … Hmm, ich denke, ich pack's dann mal wieder …« Und weg ist er.

Wenn du das nicht glaubst, dann solltest du es in der nächsten Zeit unbedingt einmal ausprobieren. Tatsächlich genügen die beiden ersten Schritte im Alltag sehr oft, um diversen Affen die Lust daran zu verderben, uns auf die Nerven zu gehen.

Akzeptanz führt zu Entspannung. Je mehr du loslässt, desto mehr gewinnst du.

Das Paradox der Veränderung

Es gibt ein seltsames Phänomen – das »Paradox der Veränderung«. Es besagt, dass wir uns am einfachsten verändern können, indem wir aufhören, uns verändern zu wollen.

Veränderung findet am ehesten dann statt, wenn wir werden, wer wir sind, und nicht, wenn wir versuchen, jemand zu werden, der wir nicht sind.

Mit anderen Worten: Wenn du versuchst, Veränderungen zu erzwingen, kann es leicht passieren, dass das Ganze schiefgeht oder die Veränderung zumindest nicht von Dauer sein wird. Wenn wir Veränderung wollen, sind die Gedanken beim Verändernwollen. Wenn wir tun, was wichtig ist, sind die Gedanken bei den Dingen, die tatsächlich etwas verändern. Die wirkungsvollere Methode besteht also darin, dass du dir die Zeit nimmst, dich ganz auf dein gegenwärtiges Sein einzulassen.

Indem du dich den Dingen und den Affen in deinem Kopf achtsam zuwendest, beginnst du, innerlich Ja zu sagen, und du hörst damit auf, das Leben und dich selbst anders haben zu wollen. Und dann geschieht das kleine Wunder: Die Dinge verändern sich auf einmal ganz von allein, ohne dass du etwas »machst«.

Willst du ruhiger und gelassener werden? Dann erkenne und akzeptiere zunächst die Unruhe und Anspannung in dir. Willst du mehr Klarheit und Sicherheit darüber, dass du auf dem richtigen Weg bist? Dann nimm die Verwirrung und die Unsicherheit in deinem Geist an – schau genau hin und bring dem, was ist, keinen Widerstand entgegen.

Vergiss Motivations- und Psychotricks. Es gibt keine Abkürzung zum Glück. Es gibt keine Abkürzung: zum Glück! Denn jede Abkürzung hieße, dass du einen Teil von dir unterdrückst oder verurteilst. Wenn du aber auch nur einen Teil ablehnst,

lehnst du das Ganze ab. Und dann wirst du nicht so leicht erkennen, dass du vollkommen okay bist, so wie du bist – mit allem Drum und Dran.

Annehmen – das heißt, den Dingen ihren Lauf lassen. Greife nicht ein, kämpfe nicht, halte nicht fest – und alle Schwierigkeiten werden sich von selbst lösen.

Annehmen heißt nicht kapitulieren

Das Wort »Akzeptanz« führt häufig zu Missverständnissen: Unsere Affen anzunehmen hat nichts damit zu tun, dass wir vor ihnen kapitulieren. Annehmen hat auch nichts mit Gleichgültigkeit zu tun, so etwa nach dem Motto »Ach – ist doch alles egal. Ich kann sowieso nichts ändern«.

Es geht nicht darum, den Kopf in den Sand zu stecken, sondern, ganz im Gegenteil, ihn aus dem Schlamm der Meinungen, Vorurteile, des Festhaltens und Anhaftens herauszuziehen. Radikale Akzeptanz ist ein bewusster Akt. Wir brauchen dazu einen festen Entschluss. Weder Akzeptanz noch Achtsamkeit oder Meditation dienen dazu, vor dem, was ist, zu fliehen oder sich in sein Schneckenhaus zurückzuziehen. Vielmehr ermöglicht geistige Entwicklung es uns überhaupt erst, das Leben in seiner Fülle anzunehmen und mit ganzem Herzen zu leben.

»Annehmen« bedeutet nun aber trotzdem nicht, dass wir alles gutheißen, was geschieht. Wir nehmen es lediglich wahr, ohne es zu kommentieren oder gleich in Rubriken wie »richtig« oder »falsch« einzuordnen. Etwas achtsam anzunehmen hat nichts damit zu tun, dass wir nichts mehr in unserem Leben verändern wollen, sondern damit, dass wir Situationen oder Gefühle erst einmal genau so sein lassen, wie sie sind.

Natürlich gibt es genug Dinge, mit denen wir uns nicht einfach abfinden sollten. Wenn wir zum Beispiel schlechte Gewohnheiten haben, wenn wir rauchen, zu viel trinken, uns zu wenig bewegen oder unsere Gesundheit auf andere Weise belasten, dann sollten wir das nicht einfach hinnehmen. Wenn wir erkennen, dass wir uns rücksichtslos verhalten, nur an uns selbst denken oder anderen nicht zuhören, können wir gegensteuern – indem wir beispielsweise lernen, gewaltfrei zu kommunizieren oder unser Mitgefühl zu entwickeln.

Wenn wir die Umwelt besser schützen wollen, müssen wir vielleicht unser Verhalten ändern. Wenn wir Ungerechtigkeit nicht ertragen, ist es wichtig, dass wir uns beispielsweise in Organisationen engagieren. Und so weiter. Aber:

Aktiv zu werden, sollte immer erst der zweite Schritt sein. Der erste besteht darin, das, was ist, erst einmal klar zu erkennen und mitfühlend anzunehmen. Nur wenn wir zur Ruhe kommen und Klarheit gewinnen, können wir anschließend mit kühlem Kopf und weisem Herzen handeln.

Solange du nur aus Wut, Angst oder Verzweiflung handelst, solange du also nur auf deine inneren Affen reagierst, statt dich ihnen zuzuwenden, werden sich deine Probleme verstärken. Doch in dem Augenblick, da du loslässt, weißt du ganz von selbst, was du für dich selbst oder die Welt tun musst.

In schweren Krisen und in Zeiten, da alles zusammenbricht, können viele Menschen das Paradox der Veränderung sehr eindrücklich erfahren. Ob wir unseren Job verlieren, eine schwere Krankheit bekommen oder einen Verlust verkraften müssen – erst wenn wir die Situation und die Gefühle dazu (!) annehmen können, wird es zu einer Lösung und zu einer Befreiung kommen.

Annehmen lernen durch liebevolle Achtsamkeit

Je unerträglicher die Affen in unserem Kopf sind, desto schwieriger wird es, sie zu akzeptieren. Gäste, die sich unhöflich verhalten und aufdringlich sind, laden wir nun mal nicht gern in unsere Wohnung ein. Wenn die Affen des Hasses, der Sorgen oder der Selbstzweifel in deinem Kopf erscheinen, ist es daher nur verständlich, dass du ein Problem damit hast, sie willkommen zu heißen.

Um dein Leben in seiner ganzen Fülle annehmen zu können, um offen für deine Gedanken und Gefühle – und zwar auch für die belastenden – sein zu können, brauchst du einen Weg. Es genügt nicht, zu sagen: »Nimm einfach alles an, wie es ist.« Du solltest natürlich auch wissen, wie man das denn bitte bewerkstelligen soll.

Fragen, die dir dabei weiterhelfen können, lauten:

»Kann ich dieses Gefühl, diesen Gedanken, diese Situation vollkommen akzeptieren oder kämpfe ich auf irgendeine Weise dagegen an? Bin ich entspannt oder angespannt? Was hindert mich in diesem Moment daran, Ja zu sagen?«

Es erfordert Mut, »Es ist okay« zu sagen, da das nur möglich ist, wenn wir uns trauen, uns ganz zu öffnen. Tatsächlich ist loslassen meist viel schwerer als festhalten, was der Grund für zahllose Probleme, Streitigkeiten und sogar Kriege ist. Und damit wir nicht erst beginnen, mit unseren inneren Affen Krieg zu führen, ist es wichtig, diesen Prozess des Wahrnehmens und Annehmens immer wieder zu üben. Und was wir dabei insbesondere üben sollten, ist Achtsamkeit oder noch genauer: liebevolle Achtsamkeit.

Häufig steht der Begriff »Achtsamkeit« nur für Aufmerksamkeit. Und tatsächlich ist Achtsamkeit ja auch die Fähigkeit, seine Aufmerksamkeit bewusst auf den gegenwärtigen Moment zu lenken. Im ersten Schritt der W.A.H.L.-Methode ist diese Art der Achtsamkeit genau das, was du brauchst: Du richtest deinen Fokus in diesem Augenblick auf deine gegenwärtige Erfahrung und in unserem Fall auf die Affen in deinem Kopf: »Aha – der Affe der Gier.«

Der Begriff der Achtsamkeit, wie er im Buddhismus und achtsamkeitsbasierten Therapien benutzt wird, geht jedoch weit über das hinaus, was wir im allgemeinen Sprachgebrauch darunter verstehen. Im buddhistischen Sinne ist Achtsamkeit immer eine freundliche, zugewandte Form der Achtsamkeit.

Liebevolle Achtsamkeit ist die Fähigkeit, dich deinen inneren Affen von Augenblick zu Augenblick wertschätzend und mitfühlend zuzuwenden. Liebevolle Achtsamkeit hilft dir, dem Treiben deiner Gedanken und Gefühle mit einem Lächeln und einem offenen Herzen zu begegnen.

Genau diese Fähigkeit ist beim zweiten Schritt der W.A.H.L-Methode wichtig. Selbst wenn du es mit scheinbar übermächtigen Affen wie Hass oder Gier oder gar mit einer ganzen Affen-Mafia zu tun hast: Liebevolle Achtsamkeit ermöglicht es dir, deine inneren Dämonen zu umarmen und sie zu Freunden zu machen. Zwei Punkte sind dabei wichtig:

1. **Nicht werten:** Das ist vielleicht der schwierigste Teil der liebevollen Achtsamkeit. Wir sind es gewohnt, alles und jeden zu beurteilen und zu bewerten. Liebevolle Achtsamkeit fordert uns dazu auf, unseren inneren Richter in den Urlaub zu schicken, uns zu öffnen, die Dinge (oder Affen)

wohlwollend und freundlich wahrzunehmen und zu akzeptieren: »Es ist okay.«

2. **Sich den Affen zuwenden:** Unsere Ausrichtung ist entscheidend. Wer sich seinem Kind, seinen Freunden, seinem Partner nicht zuneigt, der kann auch keine Zuneigung entwickeln. Wenn wir nicht bereit sind, unsere Affen innerlich zu umarmen, können wir sie nie wirklich von ganzem Herzen annehmen.

Liebevolle Achtsamkeit gegenüber unserer inneren Affenhorde ist nichts anderes als Selbstmitgefühl. Unsere inneren Affen brauchen unsere Zuwendung, unser Mitgefühl und unseren Trost, weil *wir* unsere Zuwendung, unser Mitgefühl und unseren Trost brauchen.

Schritt 2 auf einen Blick

Annehmen heißt:

- Du siehst klar, was in dir geschieht.
- Du hörst auf, gegen die Wirklichkeit anzukämpfen oder vor ihr wegzulaufen.
- Du lässt die Affen Affen sein und versuchst nicht länger, sie zu ändern.
- Du weißt, dass alle Gefühle und Gedanken nur kurzlebige Phänomene sind, die in der Weite deines Geistes erscheinen und auch wieder vergehen. Du weißt, dass du nicht deine Affen bist, sondern nur Affen hast.

- Du gibst deinen inneren Affen Raum, da zu sein, wenn sie sowieso schon da sind.
- Wie auch immer deine jetzige Erfahrung ist – ob angenehm oder unangenehm, wunderbar oder furchtbar, freudvoll oder leidvoll: Es ist okay, so wie es ist.

Sprach der Rabe: »Nicht zu werten scheint schwierig. Doch das ist nur eine Gewohnheit. Sich vom Werten zu befreien, befreit den Geist für interessantere Tätigkeiten.«

H wie Hier und Jetzt: Verankere dich im gegenwärtigen Augenblick

Im dritten Schritt der W.A.H.L.-Methode geht es darum, dass du einen gesunden Abstand zu den Affen gewinnst, die dir das Leben schwer machen. Du kannst es nicht verhindern, dass ständig Gedanken und Gefühle durch deinen Geist ziehen. Auch unangenehme Zustände wie Angst, Wut oder Depressionen werden leider immer wieder einmal auftauchen, und das wahrscheinlich öfter, als dir lieb ist. Das Ganze endet erst, wenn du tot bist. Aber so lange solltest du lieber nicht warten. Es ist zwar nicht möglich, dich von deinen Affen zu befreien, was aber durchaus möglich ist, das ist, dich aus der *Abhängigkeit* von ihnen zu befreien.

Es ist sehr wichtig, dass wir lernen, unseren unterschiedlichen Geisteszuständen mit liebevoller Achtsamkeit zu begegnen. Mindestens genauso wichtig ist es aber auch, dass wir lernen, die Welt in unserem Kopf loszulassen und uns immer wieder mit der Gegenwart, mit dem Jetzt zu verbinden.

Erkenne deine inneren Affen,
beobachte sie genau, akzeptiere sie
als einen Teil von dir. Begegne ihnen
freundlich und mitfühlend – aber lass
dich nicht in die Geschichten
verwickeln, die sie dir erzählen.
Identifiziere dich nicht mit ihnen.

Abschied vom Märchen-Affen

Wenn du den Geschichten glaubst, die deine inneren Affen dir erzählen, ist das ein bisschen so, als würdest du an Märchen glauben. Klar – es kann aufregend und faszinierend sein, in Märchenwelten einzutauchen. Es ist aber auch sehr befreiend, das Märchenbuch irgendwann wieder zuklappen zu können, um zum Beispiel einen Spaziergang zu machen oder ins Bett zu gehen. Erst recht gilt das, wenn es ein doofes Märchen ist.

Dass innere Affen zu Märchenonkeln und -tanten werden, kannst du jeden Tag erleben. Wenn dir die Geschichten in deinem Kopf Angst machen, wenn sie Sorgen oder Ärger hervorrufen oder dich verwirren oder bedrücken, kannst du dem Spuk schnell ein Ende bereiten, indem du die ersten beiden Schritte und auch den dritten Schritt der W.A.H.L.-Methode umsetzt.

Um das zu verdeutlichen, wollen wir uns zur Abwechslung mal eine neue Affenart anschauen: den Schuld-Affen (der eigentlich nur eine Unterart des Affen der Vergangenheit ist ...). Nehmen wir einmal an, es ist Wochenende, die Sonne strahlt vom Himmel und du liegst am Badesee. So weit ist alles prima. Nur leider kannst du den Tag gar nicht genießen. Letzte Woche hast du dich mit deiner Freundin gestritten und dabei sind dir ein paar dumme und beleidigende Worte herausgerutscht. Und jetzt geistert der Affe der Schuld durch deinen Kopf. Eine gute Chance, dich im Affenzähmen zu üben:

1. **Wahrnehmen:** Du erinnerst dich an den Streit und erkennst, dass du dich schuldig fühlst: »Aha – der Affe der Schuld (oder des Bedauerns)«.

2. **Annehmen:** Du akzeptierst die Gedanken und Gefühle, die mit Schuld oder Bedauern einhergehen, als das, was sie sind – ganz normale, menschliche Zustände, kurzlebige Affen in deinem Kopf. »Kein Problem«.

3. **Hier und Jetzt:** Der Abschied vom Märchen-Affen gelingt am besten, wenn du jetzt eine klare Entscheidung triffst. Lass dich nicht in deine Gedanken hineinziehen, sondern verbinde dich mit dem Hier und Jetzt. Unterbinde unsinnige Gedankenketten, die entstehen, wenn du in das innere Märchen einsteigst (»Warum habe ich das nur gesagt? Das war so dumm. Kein Wunder, dass sie jetzt nichts mehr mit mir zu tun haben will …«). Richte deinen Fokus stattdessen ganz bewusst auf das Hier und Jetzt – auf dein Sein in diesem Augenblick.

Aufwachen und im Sein ruhen

Harmlos sind die Affen in deinem Kopf nur so lange, wie du dich nicht mit ihnen identifizierst. Dann sollen sie gern so viel Unsinn anrichten, wie sie wollen. Ansonsten können sie dir jedoch durchaus die Laune und manchmal sogar dein ganzes Leben verderben.

Ohne Achtsamkeit und andere Methoden der Geistesschulung wie Meditation oder Loslassen kannst du dich kaum vor ihnen schützen. Der Lärm der Gedanken verhindert es, dass du die Weite und Stille in dir und damit deinen ursprünglichen Zustand erfahren kannst. Wenn du dich ständig mit deinem Verstand oder deinen Emotionen identifizierst, kannst du die Quelle in dir nicht mehr finden. Dein oberflächliches Ego beherrscht dann dein Leben, während dein tieferes Selbst verborgen bleibt.

»Was soll das denn wieder sein, mein ›tieferes Selbst‹?«, wunderte sich Herr K.

»Nehmen Sie alles weg, bis Sie verschwinden«, antwortete der Rabe geheimnisvoll. Herr K. sah ihn verwirrt an.

»Nun, stellen Sie sich vor, Sie ziehen Ihre Jacke aus. Nimmt das etwas von Ihrem Selbst? Stellen Sie sich vor, Sie verlieren einen Zahn. Aber immer noch sind Sie Sie selbst. Nehmen Sie Ihre unruhigen Gedanken und belastenden Gefühle weg – und Sie sind immer noch Sie. Vielleicht sogar mehr, als zuvor?«

Im dritten Schritt der W.A.H.L.-Methode geht es darum, aufzuwachen und wieder ganz da zu sein. Das Sein ist unser ursprünglicher Zustand, den wir leider nur noch sehr selten (wenn überhaupt) erfahren. Während wir den Affen in unserem Kopf gebannt lauschen, tritt unser tieferes Selbst in den Hintergrund. Während wir die Wolken beobachten, können wir leicht vergessen, dass sich über ihnen der unendliche Himmel erstreckt.

Du kannst den Strom deiner Gedanken jederzeit unterbrechen. Verbinde dich mit deinem Sein im Hier und Jetzt. Mach dir die unendliche Weite deines Geistes bewusst, statt an einzelnen Affen kleben zu bleiben.

Nur wenn dein Geist zur Ruhe kommt und du ein wenig Abstand zu deinem Denken gewinnst, kannst du die Fülle der Gegenwart erfahren und den Zustand von Leichtigkeit, Heiterkeit und tiefer Ruhe genießen. Dazu ist es nötig, die Affen ein Weilchen sich selbst zu überlassen und deine Achtsamkeit gezielt auf deine Lebendigkeit im Hier und Jetzt zu lenken. Und das Mittel, das dir das ermöglicht, ist sehr einfach …

Achtsam atmen als Tor zur Gegenwart

Es gibt verschiedene Möglichkeiten, unsere Affen loszulassen und uns mit der Gegenwart zu verbinden. Eigentlich musst du dazu nur eines machen: einfach da sein. Offen und entspannt. Hier – an diesem Ort. Und jetzt – in diesem Augenblick. Klingt ganz einfach, oder?

Tatsächlich ist es das auch, denn um das Tor zu öffnen, das dich vom Wunder des Seins trennt, brauchst du keinen Zauberstab und auch keinen Geheimtrick. Das Einzige, was du tun musst, ist atmen – und das tust du ja sowieso.

Dein Atem ist immer im Hier und Jetzt. Er verbindet dich mit deinem Körper und kann dich blitzschnell in die Gegenwart zurücktragen – ganz gleich, wo du dich zuvor »aufgehalten« hast.

Indem du dich deinem Atem auch nur zwei oder drei Atemzüge lang zuwendest, kommen die Affen in deinem Kopf augenblicklich zur Ruhe. Nicht umsonst wird der Atem im Buddhismus schon seit Tausenden von Jahren als zentrale Meditationshilfe angesehen.

Du kannst deinen Atem immer dazu nutzen, um dich aus der Welt in deinem Kopf zu verabschieden und ganz in die Gegenwart einzutauchen. Dein Atem kann dir auch als Erinnerungshilfe dienen. Er kann dir bewusst machen, dass du dem Chaos in deinem Kopf nicht folgen musst und dass du jederzeit die Wahl zwischen Affenzirkus und innerer Stille und Leichtigkeit hast.

Dass du deinen Atem »nutzt«, ist allerdings missverständlich, denn es suggeriert, dass du irgendetwas Besonderes machen müsstest. Stimmt aber nicht, und es wäre sogar ein Fehler. Genau genommen ist es nämlich gar nicht dein Atem, der dich aus dem Gefängnis der Gedanken befreit, sondern das Beobachten des Atems: die »Atem-Achtsamkeit«.

Deinen Atem achtsam wahrzunehmen heißt nicht, ihn zu beeinflussen. Je weniger du tust, desto besser. Und am allerbesten ist es, wenn du gar nichts tust: Versuche nicht, langsamer oder tiefer zu atmen oder den Atem anzuhalten – hier geht es nicht um Yoga. Das einzig wirklich Wichtige ist, deinen Fokus auf deinen Atem zu lenken und alle Gedanken und Gefühle für eine Weile in den Hintergrund deiner Wahrnehmung treten zu lassen.

Einige Kleinigkeiten solltest du beachten:

- Sobald du einen vorherrschenden Affen wahrnimmst, kannst du dich entspannen, indem du ihm keinen Widerstand entgegenbringst, sondern freundlich registrierst, dass er nun einmal da ist und das ruhig auch sein darf.

- Dann lenkst du deine Achtsamkeit auf deinen Atem.

- Nun lässt sich der Atem zwar nicht unmittelbar beobachten, dafür aber die Atembewegung. Du kannst das Auf und Ab deiner Bauchdecke beobachten oder aber das Ein- und Ausströmen der Atemluft an deinen Nasenlöchern. Letzteres ist meist effektiver, da unsere Konzentration besser gestärkt wird, wenn wir uns auf eine kleine Stelle an den Nasenflügeln fokussieren, statt die ganze Bauchdecke zu beobachten.

- Verändere deinen Atem nicht. Lass ihn einfach kommen und gehen, wie er will. Ob dein Atem schnell, langsam, flach oder tief fließt, ist jetzt völlig egal. Dein Atemrhythmus verändert sich sowieso ständig.

- Um die Achtsamkeit auf deinen Atem zu schärfen, kannst du deinen Atem sanft »begleiten«. Sprich dazu innerlich einfach »ein – ein – ein«, wenn der Atem einströmt, und »aus – aus – aus«, wenn er wieder ausströmt.

- Wenn du von deinen Affen abgelenkt wirst und bemerkst, dass du dich in Gedanken verlierst, dann kehre geduldig wieder zum Beobachten der Atembewegung zurück. Mit der Zeit wird es dir immer leichter fallen, achtsam bei deinem Atem zu bleiben, und du wirst diese affenfreien Zonen genießen.

Die Methode, seine Aufmerksamkeit ganz auf seinen Atem zu richten, ist übrigens keinesfalls nur als Meditationstechnik anzusehen. Ob du dein Wohnzimmer saugst, am Computer sitzt, deinem Sohn bei den Hausaufgaben hilfst oder abends im Bett liegst – wann immer dir die Affen mit ihren Gedanken auf die Nerven gehen und dich von dem ablenken, was du eigentlich gerade tun willst, kannst du dich innerhalb weniger Atemzüge wieder zentrieren und in den gegenwärtigen Augenblick zurückkehren.

Zum Beispiel auch jetzt, bevor du das nächste Kapitel liest: … ein – ein – ein … aus – aus – aus …

L wie Loslassen: Befreie dich vom Affentanz

Eigentlich ist Loslassen, der vierte Schritt der W.A.H.L.-Methode, gar kein zusätzlicher Schritt. Es ist vielmehr eine Ergänzung zu Schritt 3 »Hier und Jetzt « beziehungsweise die natürliche Folge davon. Wenn du deinen Geist auf das Hier und Jetzt ausrichtest, indem du deinen Atem beobachtest, geschieht Loslassen ganz von selbst. Du musst nichts Zusätzliches tun – im Gegenteil: Du solltest immer weniger tun und dich mehr und mehr entspannen.

»Loslassen« klingt einfach, gehört aber genau genommen zu den höchsten Stufen spiritueller Reife. Du kannst dein Wesen nicht entdecken, wenn du nicht zuvor dein Ego loslässt. Du kannst innere Ruhe nicht kultivieren, solange du an Ängsten, Sorgen, Perfektionszwang oder dem Drang festhältst, dein Leben zu planen und durchorganisieren zu wollen. Und wie du ja inzwischen weißt, kannst du deine belastenden Gedanken und Gefühlszustände, kannst du deine inneren Affen nicht besänftigen, indem du sie verjagst oder unterdrückst. Das einzige Heilmittel, das so etwas bewirken kann, heißt »annehmen und loslassen«.

Loslassen lässt sich auf vielen Ebenen üben. Allein schon im Körper kannst du einen Haufen unnötiger Anspannung loslassen. Menschen sind leider nicht so besonders begabt im Entspannen. Katzen fällt das wesentlich leichter. Jetzt im Moment, wo du diese Zeilen liest … kannst du da vielleicht Spannungen in deiner Stirn oder deinem Gesicht loslassen? Oder die Schultern etwas mehr entspannen, indem du sie sinken lässt? Spüre mal kurz in deine Brust und deinen Bauch hinein – sind deine Muskeln wirklich locker und entspannt?

Körperliche Entspannung fördert mentales Loslassen. Sobald deine Muskeln locker werden, kannst du auch lockerer drauf sein. Aber das Ganze funktioniert auch umgekehrt: Je leichter du das Leben nimmst, desto entspannter wird auch dein Körper sein.

Mental loszulassen ist nicht schwieriger, als seinen Körper zu entspannen – und die Wirkungen sind sehr viel tiefgreifender. Stress, Unruhe und Unzufriedenheit entstehen immer dann, wenn wir uns an unsere Meinungen und Vorlieben klammern. Und da wir nicht glücklich werden können, solange wir an Befürchtungen, Zukunftsfantasien, Erinnerungen, Selbstverurteilungen oder anderen Affen kleben, sollten wir immer wieder üben, innerlich loszulassen. Dazu gehört auch, dass wir unsere Neigung aufgeben, in den Lauf der Dinge einzugreifen und ständig irgendetwas zu machen. Nicht zuletzt kannst du sogar den Wunsch loszulassen loslassen – aber das ist die »Königsdisziplin« und für den Anfang solltest du vielleicht auch diese Idee erst mal loslassen.

Wie man Loslassen »macht«, lässt sich mit Worten nicht so leicht sagen – das weiß dein Bauch am besten. Dafür können wir dir aber verraten, was beim Loslassen innerhalb der W.A.H.L.-Methode zu beachten ist:

Du erkennst, welcher Affe dich reitet (Schritt 1: »Wahrnehmen«). Du entspannst dich, indem du innerlich Ja sagst und deinen Affen fürs Erste Affe sein lässt (Schritt 2: »Annehmen«). Dann lenkst du deine Aufmerksamkeit auf das Hier und Jetzt, indem du deinen Atem achtsam beobachtest (Schritt 3: »Hier und Jetzt«). Der letzte Schritt besteht nun darin, einfach gar nichts mehr zu tun. Alles Wollen loszulassen. Du hast deinen Affen freundlich empfangen – das genügt. Lade ihn nicht ein, sich bei dir einzunisten; biete ihm keine Banane an. Versuche aber auch nicht, ihn zum Teufel zu jagen. Er wird ganz von selbst verschwinden, wenn die Zeit für ihn gekommen ist weiterzuziehen.

Lass los. Tue nichts. Entspanne dich in diesem lebendigen Augenblick. Übe »ruhiges Verweilen«.

Ob Loslassen »funktioniert« oder nicht, das hast du nicht in der Hand. Das Entscheidende ist die Absicht, loszulassen. Dann geht es nur noch darum, die idealen Voraussetzungen zu schaffen, und genau das hast du durch die ersten drei Schritte der W.A.H.L.-Methode bereits getan. Wie du deinen Atem nutzen kannst, um das Loslassen noch weiter zu fördern, zeigen wir dir im Kapitel »Die W.A.H.L.-Meditation« (Seite 157ff.).

Loslassen ist die Phase, in der der Lärm in deinem Kopf von selbst immer leiser wird – wo der innere Affentanz allmählich zum Stillstand kommt. Dann wird Stille spürbar. Dann erkennst du die Weite in dir und du erkennst, worum es bei dem Ganzen hier eigentlich wirklich geht. Alles, was du brauchst, ist längst da.

Sprach der Rabe: »Glück lässt sich nicht erzwingen. Mit Willenskraft und Anstrengung kannst du es nicht finden. Die Fülle des Lebens ist immer schon da, vollkommen und vollendet im Loslassen und Entspannen. Bewahre die Ruhe. Es gibt nichts zu tun.«

Die W.A.H.L.-Methode in zehn Sekunden

Wir haben dir die W.A.H.L.-Methode jetzt auf vielen Seiten möglichst detailliert erklärt. Wenn du also den Eindruck gewonnen hast, dass das Ganze ziemlich kompliziert ist, so ist das vermutlich unsere Schuld. Tatsächlich ist aber genau das Gegenteil der Fall: Die Methode, mit der du deine inneren Affen zähmen kannst, ist in der Praxis sehr einfach!

Du kannst die vier Schritte jederzeit im Alltag nutzen: Wann immer du Stress empfindest, dich unwohl, unausgeglichen oder einfach unglücklich fühlst, liegt das daran, dass mindestens ein

Affe in deinem Geist aktiv ist. Leider passiert das sehr oft – zum Beispiel dann, wenn …

- du morgens im Bett liegst und dich die Gedanken an deine To-do-Liste quälen,
- du dir unter der Dusche Selbstvorwürfe machst, weil du gestern zu viel getrunken hast,
- du ungeduldig wirst, weil es in der Warteschlange an der Post nicht schnell genug vorangeht,
- du innerlich Dialoge führst und dir vorstellst, was du deinem Chef heute noch alles sagen wirst, was er antworten könnte und was du darauf dann wiederum erwidern würdest,
- du bei einem Streit an deiner Meinung festhältst,
- du wütend auf den langsamen Autofahrer vor dir wirst,
- du verzweifelt bist, weil dein Bewerbungsgespräch total in die Hose gegangen ist,
- du Angst vorm Zahnarzt hast,
- du einen Fehler bereust, den du in der Vergangenheit gemacht hast,
- du dich nicht auf deine Arbeit konzentrieren kannst, weil du zerstreut und abgelenkt bist,
- du eifersüchtig, verärgert, deprimiert, gierig, verängstigt bist, weil …

Es gibt keinen Ort auf der Welt, der dich vor aufdringlichen Affen schützen kann. Der einzige Ort, an dem du Gelassenheit, Heiterkeit und Freiheit erfahren kannst, ist dein eigener Geist.

Abschweifende Gedanken, bedrückende Gefühle, Unruhe, Grübeln ... die Anwendungsgebiete im Alltag sind endlos. Doch du kannst die vielen Belastungen in deinem Leben auch als Herausforderung ansehen. Mit jeder Schwierigkeit, der du dich achtsam zuwendest, befreist und reinigst du deinen Geist von Negativität.

Anfangs besteht der wichtigste Schritt darin, möglichst viele affenbesetzte Augenblicke zu erkennen. Wir übersehen sie leicht, da sie völlig unscheinbar sind oder wir uns so sehr an sie gewöhnt haben, dass uns diese destruktiven Geisteszustände gar nicht mehr wirklich bewusst werden. Immer wenn du bemerkst, dass die Affen in deinem Kopf aktiv sind, kannst du die W.A.H.L.-Methode in wenigen Sekunden anwenden.

- Der Affe erscheint.
- Du erkennst das: »Aha – das ist ...«
- Du akzeptierst es: »Na gut. Es ist okay.«
- Du verlagerst deine Aufmerksamkeit auf deinen Atem im Hier und Jetzt.
- Du lässt los, so gut es geht.

Und dann erscheint vielleicht ein neuer Affe (oder auch noch mal der gleiche) und der Kreislauf beginnt von vorn: »Achtsam sein – wahrnehmen – annehmen – atmen – loslassen«.

Wenn du das einfach immer wieder machst, wirst du bemerken, dass die Affen mit jeder Wiederholung mehr und mehr in den Hintergrund deiner Wahrnehmung rücken und deine Achtsamkeit im Hier und Jetzt immer mehr in den Vordergrund. Mit etwas Übung geht das Ganze wirklich blitzschnell und mit der Zeit musst du gar nicht mehr darüber nachdenken – die Affen sind dann schneller weg, als du schauen kannst.

Abschließend vielleicht noch ein kleiner Tipp: Schärfe deine Achtsamkeit gegenüber den inneren Affen insbesondere bei Routinetätigkeiten. Beobachte beim Zähneputzen, Duschen, Frühstücken, Autofahren oder beim Einkaufen, ob du entspannst bei dem sein kannst, was du gerade tust, oder ob deine Gedanken und Gefühle dich von deinem Tun ablenken und dich in die Welt in deinem Kopf hineinziehen. Und dann hast du wieder die W.A.H.L.

Die W.A.H.L.-Meditation

Falls du Zeit hast, täglich wenigstens einige Minuten lang zu meditieren, dann solltest du das unbedingt für dich tun. Und falls du keine Zeit für die Meditation hast, solltest du sie dir erst recht nehmen.

Es gibt auf diesem Planeten kein Heilmittel, keine Pille, keine Drogen, keine Psychotricks und keine Geldanlage, die ähnlich tief greifende, verwandelnde und heilende Wirkungen hat wie die Meditation. Wenn du unruhig oder unausgeglichen bist, dann meditiere. Wenn du viele Probleme hast oder das Leben oft sinnlos findest, dann meditiere. Wenn du dich selbst besser erkennen, dich von Abhängigkeiten befreien oder dir selbst und anderen gegenüber mitfühlender werden willst, dann setz dich auf dein Meditationskissen. Oder auf einen Stuhl. Egal. Nimm dir eine halbe Stunde – oder fünf Minuten: Hauptsache, du machst es regelmäßig.

Die W.A.H.L.-Methode ist eine sehr kraftvolle und effektive Meditationsform. Sie ist eng mit der buddhistischen Einsichtsmeditation Vipassana verwandt. Und darum dient sie auch nicht dazu, irgendwelche Trancezustände zu erreichen, dich einzulullen oder in Watte zu packen; stattdessen schenkt sie dir Wachheit, Klarheit und Einsicht in die Gesetze des Lebens. Du wirst gelassener, ruhiger und achtsamer – und zwar nicht, weil du vor deinen Affen davonläufst, sondern dich ihnen im Gegenteil stellst und lernst, freundlich und mitfühlend mit ihnen umzugehen.

Die Gedanken sind nicht die Feinde der Meditation. Deine Gefühle sind keine Hindernisse. Es geht beim Meditieren nicht darum, deine Affen einzusperren. Mach's dir in dir selbst gemütlich, schau ihrem Treiben entspannt zu und lächle.

Leider herrscht ja bei vielen die Vorstellung, dass man bei der Meditation »nicht denken darf«. Jedem, der das versucht, wünschen wir jedenfalls viel Spaß. Ebenso könnten wir versuchen, unser Herz dazu zu bringen, nicht mehr zu schlagen. Herzen schlagen, Köpfe denken – das ist nicht nur normal, sondern sogar sehr gut, weshalb es auch unsinnig ist, sich selbst dafür zu verurteilen, dass einem in der Meditation mal wieder »viel zu viele Gedanken« durch den Kopf gegangen sind. Das Problem sind nämlich gar nicht die Gedanken, sondern unser Umgang damit. Viel effektiver (und weiser), als deinen Geist zur Ruhe zwingen zu wollen, ist es, zu erforschen, was in ihm vorgeht.

Meditiere, und du wirst erkennen:
Die Quelle in dir ist Ruhe, Gleichmut und Freude. Nichts als Weite und Leichtigkeit. Alles andere ist Illusion – einfach nur Affentheater.

»Üben hilft« ist unter Orchestermusikern ein geflügeltes Wort. Wann immer ein Geiger, Trompeter oder Flötist im Konzert eine Stelle verpatzt, muss er sich von den Kollegen diesen Spruch anhören: »Üben hilft.« Und was in der Musik und anderen Künsten gilt, gilt auch für die Lebenskunst: Ohne Übung wird es dir kaum gelingen, dich auch im Alltag mit der Quelle in dir zu verbinden. Erst recht nicht, wenn alles drunter und drüber geht, wie es ja leider oft der Fall ist.

Du kannst deine Gelassenheit und Achtsamkeit am besten entwickeln, indem du dir täglich etwas Zeit nimmst, um dich zurückzuziehen. In Gesellschaft bist du einfach zu abgelenkt. Und wenn zu viele äußere Reize auf dich einprasseln, kannst du die Affen in dir weder erkennen noch loslassen.

Eine Frustwarnung

Falls du dich nun entschließen solltest, mit dem Meditieren zu beginnen, und nicht ohnehin schon viele Erfahrungen damit gesammelt hast, müssen wir dich vorwarnen: Es kann anfangs leicht passieren (und wird auch passieren), dass du das Gefühl hast, beim Meditieren viel mehr zu denken und zu grübeln als sonst. Das stimmt aber nicht. In Wirklichkeit *erkennst* du nur sehr viel klarer, wie schnell und wie viele Gedanken dir durch den Kopf jagen, wenn du erst einmal darauf achtest.

Die Affenbande tobt auch dann durch deinen Kopf, wenn du es nicht bemerkst. Und das macht sie sehr viel gefährlicher. Unentdeckte Affen können dich in den Burn-out oder eine handfeste Depression treiben.

Wenn du beim Meditieren das Gefühl hast, dass deine Gedanken mit dir durchgehen, dann glaub bloß nicht, dass du etwas falsch machst. Es ist nämlich sogar ein gutes Zeichen. Nur wenn du erkennst, welche Gedanken und Gefühle dich beherrschen, kannst du sie auch annehmen und schließlich loslassen.

Meditationsanleitung für Affenbändiger

1. Plane dir eine feste Zeit ein. Das können fünf oder auch 45 Minuten sein, wie du willst. Such dir ein ruhiges Plätzchen, zieh dir etwas Bequemes an und sorge dafür, dass du weder durch Mitbewohner noch durch dein Smartphone gestört werden kannst.

2. Setze dich mit aufrechtem Rücken auf ein Meditationskissen, ein Bänkchen oder einen Stuhl. Mach die Augen zu. Atme dreimal tief durch.

3. Lenke deine Achtsamkeit kurz auf deinen Körper: Sitzt du gerade? Sind die Schultern locker? Ist das Gesicht entspannt? Deine Stirn auch? Spüre deinen Körper als Ganzes oder versuche, ihn als Energiefeld wahrzunehmen.

4. Beobachte deine Atembewegung einige Atemzüge lang. Richte deinen Fokus auf deine Nasenlöcher. Verfolge achtsam und entspannt, wie der Atem ein- und wieder ausströmt.

5. Beginne nun mit dem ersten Schritt der W.A.H.L.-Methode – »Wahrnehmen«. Öffne dich für alles, was in deinem Geist vor sich geht. Achte darauf, ob ein oder mehrere Affen für Unruhe sorgen. Hierbei hast du drei Möglichkeiten:

    a. Du registrierst nur, ob grundsätzlich Gedanken da sind oder nicht. Es gibt hier also nur zwei Kategorien: Denken oder Stille. Wenn du Gedanken bemerkt, sagst du dir innerlich »Denken« oder »Gedanken« – du untersuchst dabei aber nicht, welche Affen es genau sind.

b. Oder du teilst deine Affen in drei Kategorien ein: Zukunft, Vergangenheit oder Unsinn. Im weitesten Sinne gehören fast alle unsere Gedanken zu einer dieser Kategorien.

c. Oder du identifizierst den Affen, der in deinem Kopf herumspringt, so genau wie möglich, indem du eine klare Kategorie wählst – zum Beispiel »Unruhe«, »Sorgen«, »Pläne«, »Angst«, »Ärger«, »Ohrwurm« … (Schau dir noch mal die Tabelle auf Seite 132 an, da findest du die meisten der gängigen Labels).

Was immer gerade in deinem Kopf oder Herzen passiert: Akzeptiere es. Lächle, statt dich dagegen zu wehren.

Lenke deine Achtsamkeit dann auf das Hier und Jetzt und überlasse die Affen und ihr Theater eine Weile sich selbst. Richte deinen Fokus stattdessen auf deinen Atem. Versuche, den Atem vom Anfang bis zum Ende des Einatmens und vom Anfang bis zum Ende des Ausatmens an den Nasenlöchern genau zu spüren. Vielleicht fällt es dir leichter, deine Atembewegung achtsam zu begleiten, wenn du beim Einatmen innerlich langsam »ein – ein – ein« und beim Ausatmen »aus – aus – aus« denkst.

Versuche jetzt, mehr und mehr loszulassen. Öffne deinen Bewusstseinsraum und entspanne dich immer tiefer – deinen Körper und deinen Geist. Auch hier kannst du deinen Atem zu Hilfe nehmen: Konzentriere dich vor allem auf das Ausatmen. Mit dem Ausatmen geben wir auch im Alltag immer wieder Spannungen ab. Das merkst du zum Beispiel beim Gähnen oder Seufzen sehr deutlich. In der Meditation kannst du während des Ausatmens innerlich »los…lassen« denken, und wenn es für dich passt, kannst du das Ausatmen dabei auch ein wenig verlängern. Früher oder später solltest du dann allerdings auch den Begriff »loslassen« loslassen.

Die Schritte 1 bis 4 dienen nur der Vorbereitung. Die eigentliche Meditation beginnt ab Schritt 5 Jedes Mal, wenn du einen neuen Affen bemerkst (oder den alten erneut), solltest du daher wieder bei Punkt 5 (»Wahrnehmen«) beginnen.

»Meditation bringt uns in Berührung mit dem, was die Welt im Innersten zusammenhält.« So ähnlich hat es Johann Wolfgang von Goethe **Faust** sagen lassen.

Affenfreie Zonen im Alltag schaffen

Mit inneren Affen ist es ein bisschen wie mit kleinen Kindern: Auch wenn wir uns noch so sehr vornehmen, geduldig und verständnisvoll zu sein, rauben sie uns am Ende doch wieder den letzten Nerv. Manchmal wollen wir einfach nur unsere Ruhe haben. Doch kleinen Kindern können wir nicht so leicht entkommen – schon gar nicht, wenn es unsere eigenen sind. Von den Affen in deinem Kopf kannst du dich hingegen sehr viel leichter auch mal befreien. Du kannst einen gesunden Abstand zu belastenden Gedanken und Gefühlen gewinnen, indem du die W.A.H.L.-Methode anwendest. Immer dann, wenn es »brennt« und in deinem Kopf drunter und drüber geht, kann dir diese Methode mehr Gelassenheit schenken.

Aber manchmal brauchst du noch andere Strategien, um die affenfreien Zonen im Alltag zu erweitern. Es gibt ein paar Gewohnheiten, die es dir leichter machen, in fast allen Lagen Ruhe zu bewahren. Der ganze Trick besteht darin, größeres Chaos erst gar nicht entstehen zu lassen. Dass Probleme und Schwierigkeiten immer wieder auftauchen werden, kannst du nicht verhindern. Aber du kannst dafür sorgen, dass die Affen der Unruhe sehr viel seltener durch deinen Kopf rasen. Statt dich ihnen direkt zuzuwenden, wie in der W.A.H.L.-Methode, kannst du für deine Affen eine Atmosphäre schaffen, in der sie sich besser entspannen können und nicht mehr so oft ausflippen. Und genau darum, nämlich diese Atmosphäre in dir zu pflegen, wird es in den folgenden Kapiteln gehen.

Alle Probleme, Konflikte und Stolpersteine, mit denen du es in deinem Leben zu tun hast, hängen nicht so sehr mit äußeren Dingen, als vielmehr mit deiner Einstellung zusammen – nicht mit dem Außen, sondern mit dem Innen. Auf direktem Wege kannst du die Welt um dich herum kaum verändern. Auf deine innere Einstellung hast du hingegen einen riesigen Einfluss. Durch ein paar positive mentale Gewohnheiten kannst du viel entspannter mit Schwierigkeiten umgehen. Und dabei wirst du entdecken, dass viele der vermeintlichen Probleme sich ganz schnell in Luft auflösen. Hier sind die wichtigsten drei Grundeinstellungen, durch die innere Affen sich besonders gut besänftigen lassen:

1. Geh es langsam an, entschleunige dein Leben.

2. Nimm die Dinge und auch dich selbst nicht zu wichtig.

3. Fokussiere dich auf die eine Sache, die du jeweils gerade tust.

1. Geh es langsam an

Unser Leben wird immer schneller. Im Gegensatz zu heute drehte sich die Erde zu Goethes Zeiten noch in Zeitlupe – und soo lange ist das ja auch wieder nicht her. Wenn du dich umschaust, kannst du leicht den Eindruck gewinnen, dass alle vollkommen verrückt geworden sind. Nie zuvor waren so viele Menschen in Eile.

Autos und Züge rasen ungezügelt durch die Gegend. »Je schneller, desto besser« – das gilt für alles, was Reifen, Räder und Tragflächen hat. Studien zeigen, dass wir heute sogar schneller gehen und essen als früher. Und während unsere Großeltern noch ganz zufrieden waren, einmal in der Woche eine Zeitung mit den »neuesten Nachrichten« zu lesen und dabei ein Tässchen Tee zu trinken, werden wir heute im Minutentakt mit Nachrichten aus aller Welt bombardiert, während wir mit einem Coffee-to-go in der einen und unserem Smartphone in der anderen Hand durch die Innenstadt hetzen.

Sehr viele Menschen sehnen sich heute danach, zur Ruhe zu kommen, mehr Zeit für sich zu haben und einfach mal wieder durchatmen zu können. Vielleicht hast du dir ja auch schon oft gewünscht, du könntest in deinem Alltag mal einen Gang runterschalten, dir mehr Zeit lassen und die Dinge etwas ruhiger angehen. Diese Sehnsucht nach Muße und Entschleunigung ernst zu nehmen, ist sehr heilsam – es bewahrt dich davor, einen Burn-out oder einen Herzinfarkt zu bekommen. Und es bewahrt dich auch davor, ständig an dir selbst und deinen Herzenszielen vorbeizurasen.

Wenn du es langsamer angehst, wird es dir viel leichter fallen, zu genießen – dein Essen, deine Freunde, dein Wochenende, den Feierabend, die Natur und auch dich selbst. Genießen braucht Zeit – auf die Schnelle kannst du nur konsumieren, aber niemals genießen. Und auch Achtsamkeit, Mitgefühl und inneres Wachstum brauchen ihre Zeit.

Für die wirklich wichtigen Dinge im Leben gibt es keine Abkürzung. Je schneller du ans Ziel kommen willst, desto weiter entfernst du dich von ihm.

Wenn du dir vornimmst, dein Leben zu entschleunigen, werden die Affen in deinem Kopf darüber nicht gerade happy sein. Ein hektischer Geist will ständig, dass es »vorwärtsgeht« – er fragt nicht erst danach, wo das Ziel der ganzen Raserei sein soll.

Das hohe Tempo unserer heutigen Zeit ist letztlich nur der Ausdruck unseres schnellen Denkens. Deine Affen verführen dich, dir immer weniger Zeit zu lassen. Sie sind schuld daran, dass du bei fast allem, was du tust, mit deinem Kopf schon zwei Schritte voraus bist. Und das führt natürlich dazu, dass du dich ständig gehetzt fühlst. Umso wichtiger ist es, dass du jetzt mal bewusst auf die Bremse trittst. Gut möglich, dass deine inneren Affen dann erst einmal einen kleinen Aufstand machen – doch sie werden sich schnell wieder beruhigen.

Durch Meditation und andere entschleunigende Maßnahmen werden deine Gedanken immer mehr zur Ruhe kommen. Das wird sich auch auf dein Handeln im Alltag auswirken. Und dann dauert es nicht lange, bis sich auch die Dinge um dich herum immer mehr zu entspannen und zu entkrampfen beginnen.

Den Alltag zur Ruhe bringen heißt, die Affen zur Ruhe zu bringen.

Das Ganze funktioniert übrigens in beide Richtungen: Wenn du meditierst, wirst du auch im Alltag immer mehr zur Ruhe kommen. Wenn du umgekehrt im Alltag einen Gang zurückschaltest, wird es dir immer leichter fallen, zu meditieren und dich mit deinem wahren Sein zu verbinden. Das klappt allerdings nicht auf die Schnelle. Du brauchst ein bisschen Geduld, vor allem aber den Entschluss, dich nicht länger hetzen zu lassen – weder von anderen noch von dir selbst.

»Den Alltag zur Ruhe bringen heißt, die Affen zur Ruhe zu bringen«, sagte der Rabe.

Herr K. schloss die Augen und ließ den Satz auf sich wirken. Und dann schlug er die Augen auf und lächelte.

Entschleunigende Maßnahmen

Wie kriegst du mehr Ruhe in den Alltag? Wie schaffst du es, mitten im Hamsterrad mehr Zeit für dich zu finden? Zunächst einmal, indem du dir klar machst, dass du kein Hamster bist und dass da auch gar kein Hamsterrad ist. Und außerdem dadurch, dass du zu »entschleunigenden Maßnahmen« greifst.

Dem Thema Entschleunigung und Gelassenheit haben wir bereits vor einigen Jahren ein ganzes Buch gewidmet. Es handelt von der weisen Schildkröte Kurma und ihren sieben Geheimnissen, und falls dich das interessiert, findest du den genauen Titel in den Buchtipps im Anhang. Im Folgenden wollen wir die einfachsten Möglichkeiten, um mehr Ruhe in dein Leben und den Affenzirkus in deinem Kopf zu bringen, kurz für dich zusammenfassen:

1. Nimm dir mehr Zeit für dich

Tue mehr Dinge, die dir Spaß machen. Verbringe weniger Zeit mit zeitfressendem Unsinn wie Fernsehen oder ziellosem Herumgesurfe im Internet. Sag öfter mal Nein zu Aufgaben, die auch andere übernehmen können, und schalte dein Smartphone jeden Tag eine Zeit lang aus (je länger, desto besser).

Vor allem aber: Genieße dein Leben – du hast nicht unbegrenzt Zeit. Wie du das mit dem Genießen am besten machst, weißt du selbst natürlich viel besser als wir. Vielleicht hast du ja Lust, öfter mal im Wald spazieren zu gehen, dich in die Sauna zu legen, mit einer guten Freundin essen zu gehen oder dich mit einem schönen Buch ins Café zu setzen. Oder du legst dich auf dein Sofa oder im Sommer auf eine Wiese, um alle viere von dir zu strecken …

2. Slow down

So simpel wie essenziell zum Entschleunigen: Nimm Tempo raus, bevor du dich in eine Rennmaus verwandelst. Wende die Schildkröten-Strategie an, indem du dir allgemein mehr Zeit lässt. Gehe langsamer, rede langsamer, fahre gemütlicher Auto und führe Tätigkeiten wie Abspülen, Duschen oder Frühstücken zwischendurch zum Spaß mal wie in Zeitlupe aus. Beobachte, wie sich das anfühlt.

Affen reagieren allergisch auf Schildkröten; sie halten deren Ruhe nicht gut aus. Je »schildkrötenhafter« du dich also verhältst, desto eher werden die Affen in deinem Kopf das Weite suchen. Du kannst das ganz schnell durch eine einfache Technik ausprobieren: Verlangsame deinen Atem. Vor allem das Ausatmen: Zähle innerlich langsam bis vier, während du einatmest, und bis sechs, während du ausatmest. Wiederhole diesen Atemrhythmus mindestens dreimal, und mach das am besten täglich mehrere Male.

Eine weitere Möglichkeit, dein Leben zu entschleunigen, ist ebenfalls sehr einfach: Schlafe länger. Geh abends eine halbe Stunde früher ins Bett und wenn du die Möglichkeit dazu hast, dann mach auch tagsüber mal ein Nickerchen.

3. Schärfe deine Achtsamkeit

Jedes Mal, wenn du achtsam bist, schaltest du dadurch für kurze Zeit den Autopiloten aus. Meistens sind es automatische, gewohnheitsmäßige Denk- und Verhaltensmuster, die uns in einen sich immer weiter beschleunigenden Erledigungsmodus treiben. Unterbrich die Routine – wach auf. Das geht ganz einfach: Bevor du …

- … ans klingelnde Telefon gehst,
- … eine Mail beantwortest,
- … jemanden anrufst,
- … zu Messer und Gabel greifst,
- … dein Auto startest,
- … deinem Gesprächspartner antwortest …

… spüre kurz deinen Körper. Spüre vor allem die Füße, Hände, die Schultern und das Gesicht, indem du mit deinem Bewusstsein ein paar Sekunden in diese Körperteile hineinleuchtest. Atme dann einmal bewusst ein und langsam aus … Und dann tue, was immer es zu tun gibt, achtsam und entspannt.

Sprach der Rabe: »Geduld, Langsamkeit und Achtsamkeit – so unscheinbare Worte, doch so gewaltige Kraft!«

2. Nimm die Dinge nicht so wichtig

Weißt du was? Du wirst sterben.

Schon klar – es ist nicht gerade aufmunternd, ein Kapitel mit so einem Satz zu beginnen. Aber erstens ist das nun mal so – sorry. Und zweitens kannst du nur dann intensiv und glücklich leben, wenn dir auch klar ist, dass du irgendwann sterben musst. Das Bewusstsein, dass jedes Theaterstück irgendwann zu Ende ist – auch unser persönliches –, ist sehr hilfreich. Es hilft uns zu erkennen, dass vieles von dem, was wir furchtbar wichtig nehmen, gar nicht so furchtbar wichtig ist.

Wenn du dir wirklich klarmachst, dass du irgendwann mausetot sein und die Erde sich dann ungerührt ohne dich weiterdrehen wird, wenn du – zum Beispiel in der Meditation – erkennst, dass du irgendwann alles, was dir am Herzen liegt, loslassen *musst*, dass du rein gar nichts auf deine letzte Reise mitnehmen kannst, dann kannst du damit eine ganze Generation von Affen schnell zum Schweigen bringen.

Und wo wir schon bei den Affen sind: Die meisten von uns beherbergen einen riesigen, furchterregenden Affen – er heißt »Angst vor dem Tod«. Du kannst ihm sein Futter und damit seine Energie nur dadurch entziehen, dass du erkennst, dass es eigentlich gar nicht dramatisch oder gruselig ist, der eigenen Vergänglichkeit ins Auge zu schauen.

> »Der Tod geht mich eigentlich nichts an. Denn wenn er ist, bin ich nicht mehr, und solange ich bin, ist er nicht.«
>
> Epikur

Sterben kann unangenehm werden, aber tot sein ist es garantiert nicht:

- Falls du an den lieben Gott glaubst, ist ohnehin alles in bester Ordnung – im Paradies kannst du dich rundum wohlfühlen.

- Falls du an die Wiedergeburt glaubst, gibt es auch keinen Grund zur Sorge. Nächstes Leben, nächste Chance.

- Solltest du an gar nichts glauben, dann wirst du wahrscheinlich davon ausgehen, dass mit dem Tod alles endet. Tot sein heißt Nichtsein und Nichtsein heißt auch: keine Ängste, keine Traurigkeit, kein Verlust, keine Einsamkeit – denn für all diese Zustände braucht es einen Beobachter, und der liegt ja dann unter der Erde und ist nicht mehr.

- Und wenn du an die Hölle glaubst? Tja – dann hast du Pech gehabt. Doch in der Hölle werden dir – zumindest nach buddhistischer Auffassung – auch nur wieder deine Affen begegnen; vielleicht sind sie ein bisschen dicker und unfreundlicher als auf der Erde, doch wie du mit wilden Affen umgehen kannst, weißt du ja bereits. Das funktioniert in der Hölle genauso und ist die schnellste Möglichkeit, aus selbiger ganz schnell wieder auszuchecken.

Tag für Tag hast du jede Menge Gelegenheiten, die »Nicht so wichtig«-Strategie anzuwenden:

- Eine Kollegin hat dich beleidigt?
- Dein Sohn bringt schlechte Noten nach Hause?
- Dein Partner ist ein langweiliger Stubenhocker?
- Du hast Kopfschmerzen?
- Dein Zug hat Verspätung?
- Dein Rad hat einen Platten?
- Du bist erkältet?
- Es regnet das ganze Wochenende?

Na und?! Nicht so wichtig!

Natürlich sind all diese Dinge unerfreulich. Aber ist das alles wirklich so wichtig? Möchtest du dein Glück wirklich davon abhängig machen, dass alles reibungslos läuft, dass alle immer nett zu dir sind und immer schönes Wetter ist?

Mach dein Glück lieber nicht von Dingen abhängig, die du nicht beeinflussen kannst – weder vom Wetter, noch von den Straßenbauarbeiten gegenüber. Ändere lieber, was du ändern kannst: deine Reaktionen.

In schwierigen Situationen kannst du dich für Ruhe oder Unruhe, Ärger oder Gelassenheit, Angst oder Vertrauen entscheiden. Und ob du die richtige Wahl triffst, hängt davon ab, ob du die Dinge, die dir passieren, furchtbar ernst oder eher locker nimmst.

Die »Nicht so wichtig«-Strategie funktioniert sehr gut mitten im Alltag. Sie funktioniert immer dann, wenn du drauf und dran bist, wütend zu werden, enttäuscht zu sein, dir Sorgen zu machen oder an dir zu zweifeln. Sie lässt sich prima einsetzen, sobald du dir selbst Druck machst oder zum Beispiel dazu neigst, alles perfekt machen oder perfekt haben zu wollen.

»Nicht so wichtig« ist das, was deine inneren Affen ganz und gar nicht hören wollen. Im Gegenteil: Sie machen lieber aus jeder Fliege einen Elefanten, denn immerhin geht es ja um ihre Existenzberechtigung. Sie wollen dir weismachen, dass alles furchtbar dramatisch ist. »Oh my god! Mein Akku ist gleich leer!!!«

Mit richtigen Dramen haben wir es zum Glück nur sehr selten zu tun: Wenn du dich dem finanziellen Ruin näherst, wenn ein geliebter Mensch stirbt oder du von deinem Arzt erfährst, dass du an einer tödlichen Krankheit leidest, kannst du natürlich nicht mehr einfach sagen: »Nicht so wichtig.« Falls du dann nicht sehr fest im spirituellen Sattel sitzt, werden dich solche Ereignisse wohl völlig aus der Bahn werfen. Dann brauchst du viel Achtsamkeit, Selbstmitgefühl, Geduld und möglichst auch die Unterstützung durch andere, dir nahestehende Menschen, um die Krise überwinden zu können. Doch das sind wie gesagt Ausnahmen.

Die meisten Dinge, die dich Tag für Tag nerven und deine Affen am Tanzen halten, sind es gar nicht wert, sich überhaupt mit ihnen zu beschäftigen.

Du kannst die »Nicht so wichtig«-Strategie nutzen, um den Ball flach zu halten und deine Nerven zu schonen. Doch das klappt erfahrungsgemäß nur, wenn du das Ganze immer und immer wieder übst – im Stau, im Büro, während hitziger Diskussionen, wenn jemand etwas Gemeines zu dir sagt, wenn dein Pulli in der Wäsche eingelaufen ist oder das Kissen im Hotelzimmer zu hart ist:

»Nicht so wichtig!«
»Nicht so wichtig!«
»Nicht so wichtig!«

Wiederhole den Satz innerlich (oder flüstere ihn) immer wieder wie ein Mantra. Wiederhole ihn mindestens dreimal. Und wenn du einmal nicht so sicher bist, ob etwas wirklich wichtig oder doch eher unwichtig ist, solltest du dir drei Fragen stellen:

1. Hängt mein Leben oder das meiner Liebsten davon ab?

2. Was werde ich in fünf Jahren über diese Situation denken?

3. Ist es die Sache, die ich für so wichtig halte, wirklich wert, meine Gelassenheit und meinen inneren Frieden dafür aufs Spiel zu setzen und die Affen in meinem Kopf weiterzufüttern?

Wenn du anhand der drei Fragen zu dem Schluss kommst, dass die Angelegenheit eigentlich doch nicht ganz so wichtig ist, dann lass los. Und wenn du herausfindest, dass sie doch sehr wichtig ist, dann lass erst recht los …

Sprach der Rabe: »Das wirklich Wichtige entfaltet seine Bedeutung von selbst, nicht erst, wenn du es wichtig nimmst.«

3. Fokussiere deinen Geist – The ONE Thing

Hast du schon einmal die Affen im Zoo beobachtet? Abgesehen davon, dass sie recht putzig aussehen, ist dir dann wahrscheinlich aufgefallen, dass Primaten ziemlich kopflose, unruhige Geschöpfe sind. Sie bleiben nie lange bei einer Sache. Mal schlagen sie Purzelbäume, dann sitzen sie reglos herum, um anschließend eine Banane zu verspeisen, anderen Affen hinterherzujagen, Grimassen zu schneiden oder wie aus dem Nichts kreischend auf und ab zu hüpfen.

Affen sind zerstreute Wesen und die Spezialität der Affen in deinem Kopf ist es, dich vom Wesentlichen abzulenken und deinen Geist zu zerstreuen. Je unkonzentrierter und planloser du bist, je achtloser und zielloser du dich verhältst, desto mehr Spaß haben deine Affen. Doch glücklicherweise kannst du den Spieß auch umdrehen: Ziehe den Affen in deinem Kopf einfach die Theaterbühne unter den Pfoten weg, indem du …

- deine Konzentration stärkst,
- einem inneren Plan folgst,
- achtsam bleibst,
- dich unbeirrt auf dein Ziel zu bewegst.

Wie oft tun wir etwas, ohne es wirklich zu tun? Wir erledigen eine Aufgabe und sind gedanklich ganz woanders. Während wir mit unserer Nachbarin sprechen, denken wir schon an das Telefonat, das wir gleich führen müssen. Während wir Auto fahren, überlegen wir, welche Diät wohl die beste wäre, um mal ein paar Pfund abzunehmen. All das ist Ausdruck reger Affenaktivität in unserem Denken und Fühlen.

Das Geheimnis besteht darin, deinen Geist zu fokussieren. Oder mit anderen Worten: dich zu sammeln, statt dich zu zerstreuen. Versuche nicht, hundert Dinge gleichzeitig zu tun, sondern tue nur eins nach dem anderen. Verabschiede dich vom Multitasking und tue die eine Sache, die du jeweils tust, mit deiner ganzen Aufmerksamkeit.

Im Flow lösen die Affen sich in Luft auf

Der Begriff »Flow« ist dir bestimmt schon untergekommen. Und den Zustand, den Psychologen als Flow bezeichnen, den hast du garantiert auch schon erlebt. Im Flow zu sein heißt, dass du völlig vertieft in eine Tätigkeit bist, dass du dich durch nichts ablenken lässt. Im Zustand des Flow vergisst du die Zeit: Die Stunden verfliegen wie Minuten. Es ist wie ein Rausch, den du jedoch nur erleben kannst, wenn du dich einer Sache mit Haut und Haaren hingibst.

Der Wissenschaftler, der in seinem Labor den Geheimnissen der Mikroorganismen auf der Spur ist, ist im Flow; die Sologeigerin, die in der Philharmonie das Mendelssohn-Violinkonzert aufführt, ist im Flow; Kinder, die am Strand ihre Sandburgen bauen, sind im Flow – und du warst es bestimmt auch schon oft, nicht nur als Kind beim Spielen, sondern zum Beispiel auch, während du gearbeitet oder dich auf eine Aufgabe konzentriert hast, während du gemalt, Musik oder Sport gemacht hast. Menschen können den Flowzustand erleben, während sie Computer programmieren, Computerspiele machen, tanzen, Motorrad fahren, Ski fahren, Schach spielen, Yoga üben … Es gibt endlose Möglichkeiten.

Wenn du im Flow bist, erkennst du das nicht nur daran, dass die Zeit schneller zu laufen scheint, sondern auch daran, dass dein Geist vollkommen affenfrei ist und du dich wach, glücklich und zentriert fühlst. Das heiß eigentlich: Du erkennst es danach – denn während du im Flow bist, denkst du gar nicht darüber nach. Dieser Zustand lässt sich nicht erzwingen. Unsere Fähigkeiten müssen dazu im Gleichgewicht mit den Herausforderungen sein – die Sache, die wir tun, darf uns also weder über- noch unterfordern. Der entscheidende Faktor jedoch, der es dir ermöglicht, die Welt mitsamt deinen Affen zu vergessen, ist, ob und wie du deinen Fokus einsetzt.

Fokusregeln für Affenbändiger

1. **Werde dir klar, was du willst.** Mach dir deine Absicht bewusst, bevor du handelst. Ganz gleich, ob du den Geschirrspüler ausräumst, dich mit einer Freundin zum Tennis triffst oder deine To-do-Liste für heute schreibst: Schließe vorher kurz die Augen, atme einmal tief durch und sage dir: »Ich werde jetzt … das Geschirr aufräumen/Tennis spielen/meine heutigen Erledigungen notieren …« Auf diese Weise gewinnst du Klarheit. Du weißt, in welche Richtung du willst, und vermeidest es, unbewusst und »zufällig« in Aufgaben oder Tätigkeiten hineinzustolpern und dann gedanklich die ganze Zeit doch woanders zu sein.

2. **Sammle deinen Geist, aber streng dich dabei nicht an.** Deinen Fokus auf bestimmte Dinge zu lenken heißt nicht, dass du die Schultern hochziehen oder ein verkniffenes Gesicht machen musst. Beim Fokussieren ist die richtige Mischung entscheidend: 50 Prozent Konzentration, 50 Prozent Achtsamkeit. Mühelosigkeit ist extrem wichtig. Du richtest deine Aufmerksamkeit auf ein bestimmtes Tun und hältst sie eine Zeit lang dort. Gleichzeitig bleibst

du aber achtsam und entspannt. Vielleicht musst du das zunächst etwas üben: Auf vollkommen mühelose Weise fokussiert zu sein, gelingt nicht auf Anhieb.

3. **Richte deinen Fokus auf das Jetzt!** Je nachdem, welche Ziele du verfolgst, wirst du deinen Fokus natürlich auch auf ganz unterschiedliche Dinge richten. Worauf du ihn jedoch unabhängig davon immer richten solltest, ist die Gegenwart. Was immer du gerade tust, das ist das Wichtigste, und es ist übrigens auch das einzig Mögliche.
   Deine Pläne, Sorgen, Erinnerungen oder Zweifel sind nur in deinem Kopf – das, was du gerade tust, ist es nicht. Wenn du etwas tust, dann richte deinen Fokus ganz auf dein Tun. Ganz egal, ob du Auto fährst, mit deiner Tochter redest, dir die Zähne putzt oder ein Croissant isst – richte deine Aufmerksamkeit auf diese eine Sache, nicht auf den nächsten oder übernächsten Schritt, sondern einzig und allein auf den, den du gerade machst.
   Bringe Geist und Körper zusammen. Bringe deinen Geist dahin, wo du gerade bist und wo dein Körper gerade ist. Wenn du Tee trinkst, dann trinke Tee – nicht nur mit den Lippen, sondern mit all deinen Sinnen und deiner ganzen Achtsamkeit.
   Indem du deinen Fokus auf die eine Sache lenkst, die du gerade tust, wird er mit der Zeit immer stärker. Das Ganze wird irgendwann ganz einfach und natürlich. Auch deine Achtsamkeit wird sich mehr und mehr entwickeln und du siehst immer klarer, was du wirklich willst. Beginne mit ganz kleinen, banalen Dingen: Zähne putzen, telefonieren, einen Apfel waschen …

Sprach der Rabe: »Wo die Affen schweigen, entfaltet sich das Wesentliche und Ruhe, Gelassenheit und Freude treten zutage.«

Mentale Strategien für einen friedvollen Geist

Wenn es stimmt, was aktuelle Umfragen zeigen, dann ist Stress die moderne Form der Pest. Es gibt heute scheinbar niemanden mehr, der völlig frei von Sorgen, Ängsten, Ärger oder depressiven Stimmungen ist und damit auch nicht von Stress. Es ist vollkommen normal geworden, unausgeglichen, gereizt, ausgelaugt oder im weitesten Sinne süchtig zu sein. Stress dürfte also, wie ja oft behauptet wird, tatsächlich die Volkskrankheit Nummer eins sein – zumindest leiden sicher mehr Menschen darunter als an Diabetes, Krebs und Herz-Kreislauf-Erkrankungen zusammen.

Vorsichtshalber noch einmal zur Wiederholung, weil man's eigentlich nicht oft genug sagen kann: Stress entsteht im Kopf! Dein Stressempfinden hängt von deinen Gedanken und Gefühlen ab. Mit anderen Worten: vom Treiben der Affen in deinem Kopf. Auch wenn nichts gegen einen Wellnessurlaub, schöne Kinofilme oder Schokolade spricht – um Affenaufstände wirklich aufzulösen, brauchst du eine gezielte Strategie. Einige sehr wirkungsvolle Strategien hast du in den letzten Kapiteln ja bereits kennengelernt: die W.A.H.L.-Methode, die Meditation und eine entspannte Grundeinstellung, die du dadurch fördern kannst, dass du dir in deinem Leben mehr Zeit lässt, die Dinge nicht zu wichtig nimmst und dich bei allem, was du tust, auf das Jetzt fokussierst.

Manchmal brauchen wir aber auch nur einfache, schnell anwendbare Techniken – »Gelassenheitstricks« –, durch die wir rasch für mehr innere Ruhe sorgen und uns vor negativem Denken schützen können. Im Folgenden wollen wir dir ein paar bewährte mentale Strategien für einen friedvollen Geist zeigen. Diese positiven Glaubenssätze oder »Affenbändiger-Mantras« sind sehr hilfreich, um negative Denkmuster aufzulösen, die Widerstand, Anspannung und damit Stress erzeugen.

»Es geht vorbei«

Ein besonders powervolles Mantra, um deine inneren Affen zu besänftigen, lautet: »Es geht vorbei.« Wenn du dir wirklich klarmachst, dass lästige Situationen oder Zustände nicht von Dauer sind, erspart dir das einen Haufen Stress. Alles, was geboren wird, muss eines Tages sterben. Was immer entsteht, wird irgendwann auch wieder vergehen. Und das gilt nicht nur für Eintagsfliegen, Sandburgen oder Strohfeuer, sondern für alles – ohne Ausnahme. Ob jahrtausendealte Kulturen, tausendjährige Eichen, unsere Erde oder sogar die Sterne, die immerhin locker einige Milliarden Jahre alt werden: Am Ende müssen sie doch alle vergehen.

In unserer jetzigen Zeit, wo Schönheit und ewige Jugend oft als das Nonplusultra menschlicher Existenz angesehen werden, beschäftigen wir uns natürlich nicht so gern mit dem Thema Vergänglichkeit – und schon gar nicht mit unserer eigenen. Das ist schade, denn das Bewusstsein von der Vergänglichkeit aller Dinge muss nicht erschrecken, sondern kann auch eine starke Motivation für Wachstum und Entwicklung und eine Quelle für Gelassenheit und Trost sein.

Stell dir nur mal vor, dein Leben würde ewig währen … Schon nach hundert oder zweihundert Jahren würde dir garantiert todlangweilig werden. »Mit den Flügeln der Zeit fliegt die Traurigkeit davon«, schrieb Jean de La Fontaine. Zu den angenehmen Seiten der Vergänglichkeit gehört, dass auch die unangenehmen Dinge vergehen. Kein Regenschauer dauert endlos. Ob Liebeskummer, Zahnschmerzen oder Lebenskrisen – sie kommen … und lösen sich früher oder später wieder auf. Nichts währt ewig. Und ganz besonders gilt das auch für die Affen in deinem Kopf. Die meisten von ihnen sind sogar ausgesprochen kurzlebig: Sie springen kurz vom Baum, zeigen dir die Zunge und verschwinden sogleich wieder im Geäst.

Immer wenn die Affen der Unzufriedenheit, des Ärgers, der Sorgen oder Verwirrung in deinem Geist erscheinen, kannst du mit einem einfachen Satz, den du dir selbst sagst, zur Ruhe kommen:

»Stress dich nicht – das geht vorbei.«

Ob du im Stau nicht weiterkommst, schwere Einkaufstaschen schleppen musst, die Grippe hast oder ob dein Nachbar Löcher in die Wand bohrt – das ist zwar alles nicht schön, aber: Es geht vorbei.

Die Affen kommen und gehen lassen

Nicht nur äußere Dinge, wie zum Beispiel das Wetter, sondern auch innere, wie deine Gedanken und Gefühle, sind vergänglich. Das solltest du dir immer dann in Erinnerung rufen, wenn die Affen in deinem Kopf dir die Stimmung zu vermiesen beginnen. Jede Angst, jeder sorgenvolle Gedanke, jede Wut, jeder Augenblick der Verwirrung, Unsicherheit oder Traurigkeit durchläuft drei Phasen: Die Affen kommen, sie bleiben eine Weile und verschwinden schließlich wieder.

1. Die Affen treten in Erscheinung. Du bemerkst, wie beispielsweise der Affe der Unzufriedenheit auf der inneren Bildfläche erscheint. Beobachte genau, was hier geschieht.

2. Der Affe hat es sich bequem gemacht. Vielleicht verschwindet er gleich wieder, vielleicht auch nicht. Beobachte achtsam, wie sich seine Anwesenheit auf dich auswirkt. Lass das Gefühl zu. Wie reagiert dein Körper, wie reagieren deine Muskeln? Verändert sich etwas? Nimm das alles einfach nur wahr, ohne es zu bewerten.

3. Der Affe verschwindet: Es ist sehr schwierig, den genauen Augenblick zu erwischen, in dem dein Affe aufsteht und weiterzieht. Im Gegensatz zu den ersten beiden Phasen registrieren wir diese letzte im Alltag normalerweise nicht. Erst später merken wir dann meist: »Sieh an: Es ist vorbei. Die Angst/Sorge/Wut/Traurigkeit … ist vergangen.« Spüre genau hin, was passiert, wenn unangenehme Gedanken oder Gefühle sich auflösen. Wie fühlt sich dein Körper an? Wie verändert sich dein Atem?

Lass die Wellen im Ozean deines Bewusstseins zu, ohne dagegen anzukämpfen. Sie entstehen, wachsen an, erreichen ihren Höhepunkt und ebben schließlich wieder ab – kein Grund, die Nerven zu verlieren.

»Ohne mich«

Unser Leben ist kurz. Vielleicht schaffen wir es, hundert Jahre alt zu werden – das wäre allerdings schon beachtlich. Doch selbst dann: Eiben werden zehnmal und Schildkröten immerhin noch locker doppelt so alt. Und was leider noch hinzukommt, ist,

- dass wir schon einige Jährchen unserer Lebenszeit verbraucht haben,
- dass wir statistisch gesehen mehr als die Hälfte der uns noch verbleibenden Zeit mit Schlafen und Fernsehen vergeuden werden,
- dass wir zusätzlich noch eine Menge Zeit damit verbringen werden, Wäsche zu waschen, zu putzen, durch die Gegend zu fahren, in Wartezimmern, im Büro oder vor dem Computer zu sitzen.

Was unterm Strich wirklich übrig bleibt, die Zeit, die uns also bleibt, um zu leben, zu wachsen und zu lieben, sollte uns heilig sein. Und daraus ergibt sich etwas sehr Naheliegendes:

Tue in der Zeit, über die du selbst bestimmen kannst, nur Dinge, die du liebst. Tue nichts, was dich stresst. Und schon gar nicht, weil andere meinen, über dich und deine Zeit verfügen zu können.

Wofür willst du deine kostbare Lebenszeit aufwenden? Worauf kommt es dir wirklich an? Was ist das Wesentliche für dich?

Je weniger Zeit du mit Dingen oder Menschen verbringst, die dir keinen Spaß machen, desto weniger Grund haben die Affen in deinem Kopf, zu rebellieren. Wenn du also gern gelassener, entspannter und glücklicher sein willst, dann besteht eine einfache Methode darin, dich zu sammeln, bei dir zu bleiben und dein Leben vor allem nicht von Hinz und Kunz bestimmen zu lassen.

Du musst nicht für jeden und alles zur Verfügung stehen. Du bist kein Knecht, keine Magd. Schon klar – Abgrenzung ist leichter gesagt als umgesetzt. Ständig kommen Leute auf dich zu, die irgendetwas von dir wollen oder ganz dringend etwas »brauchen«. Der Sportverein braucht einen Kassenwart, die Schwiegermutter Gesellschaft, deine Kollegin jemanden, der ihr »mal schnell« das neue Update auf dem Computer installiert, der Kindergarten braucht Mütter, die mal eben einen Kuchen fürs Faschingsfest backen, und dein Partner jemanden, der mit ihm in den neuen Actionfilm geht, obwohl du Actionfilme gar nicht leiden kannst, was er eigentlich wissen müsste …

Nicht dass wir uns missverstehen: Es ist an sich überhaupt kein Problem, Kassenwart zu sein, Kuchen für den Kindergarten zu backen oder ins Kino zu gehen, um sich den neuen James Bond anzuschauen, wenn du das gern tust und Lust darauf hast!

Hast du aber keine, dann sage laut und deutlich: »Nein, danke! Ohne mich!« Tust du das nämlich nicht, dann musst du mit heftigen Affenaufständen rechnen, während du die Vereinsabrechnung machst, dir die Geschichten deiner Schwiegermutter anhörst oder den Teig für den Kindergartenkuchen knetest.

Raus aus dem Erledigungsmodus

»Ohne mich« ist eine einfache Strategie, die dir eine Menge Stress erspart. Jedes Mal, wenn du dich aus vermeintlichen Verpflichtungen ausklinkst, steigst du dabei zugleich aus dem Erledigungsmodus aus. Und das ist sehr wichtig für deinen Seelenfrieden, da du wahrscheinlich genau wie wir alle ohnehin schon viel zu viel am Rennen bist. Solange du ständig denkst: »Ich muss noch dies, ich muss noch das erledigen … und anschließend muss ich mich noch um XYZ kümmern«, kannst du Gift darauf nehmen, dass auch die Affen in deinem Kopf niemals zur Ruhe kommen werden.

Nicht nur durch Meditation, sondern auch durch all die Dinge, die du täglich tust und eben auch nicht tust, kannst du dafür sorgen, dass nervige Gedanken und Gefühle gar nicht erst entstehen. Wenn du wieder einmal das Gefühl hast, etwas für jemanden tun zu müssen, auf das du nicht die geringste Lust hast, solltest du dir die folgenden fünf Fragen stellen:

1. Möchte ich dafür überhaupt meine Zeit investieren – ist es mir wirklich so wichtig?

2. Kann ich das delegieren? Gibt es nicht irgendjemand anderen außer mir, der das machen kann?

3. Muss es jetzt sofort sein oder gibt es gerade Wichtigeres zu tun?

4. Was könnte dieses andere sein, dass jetzt wichtiger ist, um gut für mich zu sorgen?

5. Und schließlich: Was ist das Schlimmste, was passieren könnte, wenn ich jetzt »Ohne mich« sage?

Versuche, dir die Antwort auf die fünfte Frage genau auszumalen – du wirst sehen, dass es nur sehr wenig Dinge gibt, die wirklich schwerwiegende Konsequenzen hätten, wenn wir sie sein ließen.

Wecke keine schlafenden Affen. Übe es, öfter Nein zu sagen, und zwar am besten täglich: Immer, wenn sich jemand oder etwas zwischen dich und deine Bedürfnisse stellt, kannst du freundlich, aber bestimmt »Nein, danke. Ohne mich« sagen.

Das »Ohne mich«-Mantra kannst du übrigens noch auf eine andere Art sehr effektiv einsetzen. Statt nur unliebsame Energievampire oder überflüssige Aufgaben dankend abzulehnen, kannst du noch einen Schritt weitergehen und dir selbst etwas genauer auf die Finger schauen: Welchen Zeitfressern erlaubst du, dir deine kostbare Lebenszeit zu rauben? Welche Dinge tust du, die dich deine Lebensfreude, deine Klarheit und deinen inneren Frieden kosten? Welche Substanzen oder Genussmittel schaden dir langfristig mehr, als dass sie dir nützen? Und welche Konsumgewohnheiten rauben dir deine Zufriedenheit?

Wenn du in deinem Leben immer wieder Entscheidungen triffst, die deiner Gesundheit, deiner Entwicklung, deinem Wohlbefinden oder deinem Herzen schaden, darfst du dich nicht wundern, wenn du innerlich nicht zur Ruhe kommst. Deine Affen können hier auch gute Wegweiser sein – je mehr Unsinn du machst, desto wilder werden sie nämlich. Und je weisere Entscheidungen du triffst, die im Einklang mit dir selbst stehen, desto braver werden auch die Affen.

4 – 3 – 2 – frei

Um es mal sehr einfach auszudrücken: Die inneren Affen repräsentieren die Welt in deinem Kopf und wenn diese Welt dir nicht guttut oder dir ständig die Laune verdirbt, dann solltest du so oft wie möglich in die wirkliche Welt reisen. Die einfachste Möglichkeit dazu besteht darin, die Welt um dich herum sinnlich wahrzunehmen und alle deine Sinne zu aktivieren. Das passiert zum Beispiel ganz automatisch in jedem Augenblick deines Lebens, den du wirklich genießt.

Genießen ist immer eine sinnliche Erfahrung und sie ist zugleich ein Tor ins Hier und Jetzt. Du kannst nicht gleichzeitig genießen und die Affen der Sorge, des Ärgers oder der Unzufriedenheit füttern.

Sooft du die Gelegenheit dazu hast – genieße dein Frühstück, deinen Cappuccino, die Sonne auf deiner Haut. Genieße es, einen Körper zu haben, dich zu bewegen, einen geliebten Menschen zu umarmen oder deinen Hund zu streicheln. Neige deinen Geist der Schönheit des Augenblicks zu – genieße die Farben, Klänge und Düfte, die du sehen, hören oder riechen kannst.

Du brauchst keinen Sportwagen, keine Kreuzfahrt und kein Fünf-Gänge-Menü, um genießen zu können. Nicht das, was du hast, ist dafür wichtig, sondern einzig und allein deine Achtsamkeit. Du kannst ein Glas Wasser genießen. Du kannst es genießen, auf einer Blumenwiese zu liegen und die Wolken am Himmel vorbeiziehen zu sehen – das kostet rein gar nichts.

Hast du in deinem alltäglichen Leben nur sehr wenig Möglichkeiten, zu genießen und in das Jetzt einzutauchen? Dann schaff dir diese Möglichkeiten. Oder entwickle deine Sinne durch die Übung »4 – 3 – 2 – frei«: Deine Affen quälen dich? Du grübelst, machst dir unnötige Gedanken, wälzt Probleme, ärgerst dich oder denkst zu viel darüber nach, wie du auf andere wirkst? Dann verlasse den Affenzirkus und lenke deinen Fokus auf das Hier und Jetzt:

1. Richte deine Achtsamkeit auf vier Dinge, die du sehen kannst. Schau dich einfach kurz um. Suche nichts Besonderes. Zähle einfach vier Dinge auf – zum Beispiel: das blaue Auto, den Himmel, deine Schuhe, den Hund auf der anderen Straßenseite.

2. Richte deine Achtsamkeit dann auf drei Dinge, die du hören kannst. Auch hier musst du einfach nur kurz die Ohren spitzen. Es ist egal, was für Geräusche es sind – zum Beispiel der Vogel in deinem Garten, Stimmen von draußen, das Brummen des Kühlschranks.

3. Richte deine Achtsamkeit zuletzt auf zwei Dinge, die du spüren kannst. Zum Beispiel die Berührung deines Rückens an der Stuhllehne und deine kalten Füße.

Beginne dann noch einmal bei Schritt 1 und führe den ganzen Zyklus möglichst dreimal insgesamt durch. Auf diese Weise kannst du deine Aufmerksamkeit jederzeit von belastenden Gedanken und Gefühlen weg und in die wirkliche, erfahrbare Welt verlagern.

»Nicht jetzt«

»Nicht jetzt« ist ein Mantra, das gewisse Ähnlichkeit mit »Ohne mich« hat. Es gibt jedoch zwei wesentliche Unterschiede: Erstens sprichst du mit »Nicht jetzt« nicht Energieräuber wie lästige Menschen oder deine eigenen negativen Gewohnheiten an, sondern du richtest dich direkt an die Affen in deinem Kopf. Zweitens schlägt »Nicht jetzt« niemandem die Tür vor der Nase zu, sondern lässt sie immer einen Spaltbreit offen.

Das »Nicht jetzt«-Mantra klingt vielleicht nach einem billigen Trick. Aber was soll's? Er funktioniert. Diesen Trick wenden auch überlastete Mütter oder Väter von kleinen Kindern oft unbewusst an. Wer bei der Arbeit von seiner kleinen Tochter oder seinem Söhnlein gestört wird, weil die/der Kleine ein Eis haben will, kann mit einem »Nicht jetzt – das machen wir später« schnell für Frieden sorgen. Auf jeden Fall geht das schneller, als den Wunsch zu erfüllen oder den Zwerg zum Teufel zu schicken: Beides führt zu Zeit- und Energieverlust, da du jetzt entweder das Eis kaufen gehen oder dich mit heftigen Trotzanfällen herumschlagen musst.

Das »Nicht jetzt«-Mantra ist auch als eine Meditationstechnik bekannt. Sie wird besonders dann angewendet, wenn Gedanken, Zukunftsfantasien, Erinnerungen, innere Selbstgespräche oder sonstige mentale Ablenkungen die Ruhe und den Frieden in der Meditation stören. Wichtig ist dabei, dass »Nicht jetzt« nicht etwa »nicht« oder gar »nie« heißt; es geht nicht darum, innere Affen zu unterdrücken, sondern nur darum, einen kleinen Aufschub auszuhandeln.

Das »Nicht jetzt«-Mantra anzuwenden bietet sich immer dann an, wenn du gerade beschäftigt bist oder dich konzentrieren willst oder musst. Das ist aber nicht nur dann der Fall, wenn du zum Beispiel Mails beantwortest oder ein Projekt zum Abschluss bringen willst, sondern auch, wenn du ein Buch lesen, dich mit einem Freund unterhalten oder deinen Kindern aufmerksam zuhören willst. Und auch in all den schönen Augenblicken, in denen du dein Leben genießen willst, aber irgendwelche verrückten Affen dich daran zu hindern versuchen, ist ein beherztes »Nicht jetzt« durchaus angesagt. Zumindest gilt das dann, wenn du keine Zeit oder Lust hast, die W.A.H.L.-Methode anzuwenden oder dich mit deinen Affen auf dem Meditationskissen auseinanderzusetzen.

Wenn du diese Strategie anwenden willst, solltest du unbedingt eine Sache beachten: Sprich das Mantra »Nicht jetzt« freundlich und mitfühlend aus. Dein Affe will etwas von dir –

und das ist völlig okay. Nur jetzt gerade passt es dir eben nicht so gut. Es gibt Wichtigeres zu tun, wie beispielsweise die Ruhe zu bewahren. Deshalb darfst du ruhig ein bisschen streng sein. Lieblos solltest du allerdings nicht sein, denn das nehmen deine inneren Affen dir übel.

Wenn sie merken, dass du mit »Nicht jetzt« eigentlich »Verschwinde und komm bloß nie wieder« gemeint hast, fühlen sie sich zu Recht ignoriert. Und dass unsere inneren Affen sich auf Dauer nicht ignorieren lassen, weißt du ja inzwischen. Füge deshalb dem »Nicht jetzt« noch ein »Damit beschäftige ich mich später« hinzu. »Sorry – jetzt hab ich gerade keine Zeit für dich, Affe der Sorgen, Affe der Zukunft oder Affe des Urteilens. Aber nachher kannst du gern noch einmal vorbeischauen.« Ob er's dann wirklich tut, wirst du ja sehen.

Übrigens hilft die »Nicht jetzt«-Strategie auch gut bei milden Formen von Suchtverhalten. Ob du zur Schokolade, zur Zigarette oder zur Fernbedienung greifen willst – versuche doch mal, noch einen kleinen Aufschub rauszuholen: »Nicht jetzt! Später nasche / rauche / glotze ich – aber jetzt atme ich erst noch dreimal tief durch und entspanne meinen Körper.«

Lass dich überraschen, ob du die Schokolade, die Zigarette oder den Fernseher anschließend noch brauchst. Vielleicht gelingt es dir ja, nach dem ersten auch noch einen weiteren Aufschub zu erzielen. Und dann ist es gut möglich, dass der Heißhunger oder die Lust sich schließlich von selbst auflöst.

Happy Monkeys

Wir haben in diesem Buch nahezu ausschließlich jene Affen im Kopf behandelt, die nerven und deinem Glück im Weg stehen. Das ist natürlich kein Zufall – es geht hier ja schließlich darum, wie wir lernen können, gelassener mit Schwierigkeiten und negativem Denken umzugehen. Nichtsdestotrotz gibt es aber natürlich auch eine Menge freundlicher Affen – zum Beispiel den Affen der Freude, den Affen der Dankbarkeit oder den Humor-Affen.

Diese liebenswürdigen Gesellen sind meistens wesentlich unscheinbarer als ihre lärmenden Verwandten. Umso wichtiger ist es, ihnen bewusst mehr Aufmerksamkeit zu schenken. Und gerade dann, wenn belastende Gedanken oder Gefühle wie Neid, Frust, Scham oder Unruhe sich uns aufdrängen, übersehen wir, dass es auch eine Menge netter Affen gibt, die wir jederzeit in unseren Geist einladen können.

Ein einfacher Weg zu mehr innerer Ruhe, Lebensfreude und Begeisterung besteht darin, dass wir uns nette Affen zu Hilfe holen. Lade dir die richtigen Gäste ein. Wie du freundlich mit den unangenehmen umgehen kannst, weißt du ja inzwischen: wahrnehmen, annehmen, dich mit dem Hier und Jetzt verbinden und loslassen. Doch auch wenn du ganz gut mit unerwünschten Gästen umzugehen weißt – ausdrücklich einladen solltest du dir die natürlich nicht. Ganz im Gegensatz zu den Gästen, die dir guttun. Je mehr davon an deinem Tisch beziehungsweise in deinem Kopf sitzen, desto entspannter wird die Party.

Der Inhalt deiner Gedanken ist nur teilweise Zufall. Du kannst zwar nicht verhindern, dass Sorgen-, Ärger- oder Selbstzweifel-Affen wie aus dem Nichts erscheinen, aber du hast trotzdem viele Möglichkeiten, die mentale Affenshow zu gestalten.

In unserem Buch *Füttere den weißen Wolf* sind wir sehr ausführlich darauf eingegangen, warum es so wichtig ist, unser Denken und Fühlen nicht dem Zufall zu überlassen, und was wir tun können, um das Positive in uns zu stärken. Und was mit Wölfen funktioniert, funktioniert natürlich auch mit Affen – du kannst die gefährlichen füttern oder stattdessen die freundlichen und hilfreichen. Letzteres ist umso wichtiger, als wir tagtäglich von negativen Einflüssen umgeben sind. Und damit nicht genug, neigt unser Gehirn auch noch dazu, sich viel stärker auf Probleme, statt auf das Schöne und Gute zu fixieren.

Negative Gedanken und Emotionen kommen meist von ganz allein. Um die positiven solltest du dich jedoch bewusst kümmern. Lade so oft wie möglich glückliche Affen ein – Happy Monkeys –, denn sie werden auch dich glücklicher machen. Je besser die Gesellschaft, desto wohler wirst du dich fühlen.

Der Affe der Dankbarkeit

Der Affe der Dankbarkeit schenkt dir Freude und Zufriedenheit. Schon ein bisschen mehr Dankbarkeit für die kleinen Dinge des Lebens genügt, um Sorgen, Ängste und depressive Stimmungen zu vertreiben. Das wurde sogar in Studien nachgewiesen. Und es reicht dabei schon, dir jeden Abend drei gute Dinge zu notieren, die dir tagsüber passiert sind. Noch effektiver ist es, dich schon während des Tages öfter mal zu fragen, wofür du jetzt gerade dankbar sein kannst. Das können ganz kleine, scheinbar belanglose Dinge sein – ein leckeres Essen, eine kühle Brise im Sommer oder ein warmer Tee im Winter.

Der Affe der Freude ist ein enger Verwandter des Affen der Dankbarkeit. Normalerweise ist Freude eine emotionale Reaktion auf angenehme Dinge. Freude entsteht aber auch aus der Fähigkeit, seinen Blick mehr und mehr auf alles zu lenken, was schön, gut und eben er-freulich ist. Oder wie es ein Zen-Meister einmal ausdrückte: Die Kunst besteht darin, »seinen Geist der Freude zuzuneigen.« Am besten rollst du also täglich den roten Teppich für den Affen der Freude aus. Du kannst ihn zu dir einladen, indem du dir die Frage stellst: »Was ist hier gerade gut? Was ist das Positive an dieser Situation?« Oder indem du für mehr schöne Momente in deinem Leben sorgst, Dinge tust, die dir Freude bereiten, oder öfter Menschen triffst, die du gern magst.

Der Affe des Vertrauens

Er ist ein starker Verbündeter, wenn es darum geht, Pessimismus und Miesmacherei zu vertreiben. Wenn du diesen Affen in deinen Kopf lässt, ist kein Platz mehr für Sorge, Angst, Unsicherheit, Selbstzweifel oder Grübeln. Der Affe des Vertrauens holt sich eine Banane, setzt sich neben dich aufs Sofa, ins Auto oder ins Büro und flüstert dir ins Ohr: »Es wird alles gut. Mach dir keine Sorgen. Du schaffst es. Vertraue auf deine eigene Weisheit und vertraue darauf, dass das Universum es gut mit dir meint.« Indem du vertraust, stärkst du deine Energie. Du sammelst deine Kräfte, was erklärt, warum Menschen, die viel Vertrauen haben, auch sehr viel leichter ihre Probleme lösen und ihre Ziele erreichen.

Der Affe der Heiterkeit

Er und sein Bruder, der Affe des Humors, sind nicht nur lustige, sondern auch weise Gesellen. Je mehr du lachst, je vergnügter du bist, desto schwächer werden die quälenden Affen oder Affen-Mafias in deinem Kopf.

Heiterkeit entsteht ganz von selbst, wenn du unter humorvollen Menschen bist, ein lustiges Buch liest oder dir eine Komödie anschaust. Du kannst (und solltest) Humor jedoch auch als eine Einstellung kultivieren. Lache und lächele so oft du kannst. Indem du lächelst, verändert sich dein Gefühlstonus augenblicklich.

Im Lach-Yoga wird das grundlose Lachen geübt. Anfangs klingt das immer sehr künstlich, aber es dauert nur wenige Minuten, bis schallendes echtes Gelächter den Raum füllt. Fake it, until you make it. »Tu so als ob, bis es echt wird.«

Was immer auch passiert, frage dich, ob die Situation nicht auch eine lustige Seite hat. Aus den vielen kleinen Katastrophen des Alltags könnte man viele gute Komödien machen. Gerade im Nachhinein können wir oft über Dinge lachen, die uns in der Vergangenheit große Probleme gemacht haben. Aber wozu so lange warten? Du kannst auch gleich drüber lachen.

Übrigens: Wusstest du, dass Lachen nicht nur in der Redewendung, sondern auch tatsächlich die beste Medizin ist? Durch Lachen werden entzündungshemmende und schmerzstillende Substanzen ausgeschüttet. Stresshormone werden abgebaut, der Sauerstoffaustausch im Gehirn verbessert sich und dein Immunsystem wird gestärkt.

Der Affe des Mitgefühls

Er wird oft mit dem Affen der Liebe verwechselt. Das sind zwar beides ganz tolle Affen, aber der Affe des Mitgefühls ist zuverlässiger und weiser als seine Schwester. Mit Verliebtheit, Schwärmerei oder anhaftender Liebe, mit Begehren oder gar Eifersucht hat der Affe des Mitgefühls nichts zu schaffen. Er steht für die selbstlose Liebe und Herzenswärme. Dieser Affe ist stärker als alle unartigen Affen und Affen-Mafias zusammen. Er vertreibt die anderen Affen zwar nicht (dafür ist er viel zu mitfühlend), verwandelt und »entwaffnet« sie jedoch.

Wenn du Mitgefühl in deinem Kopf oder besser gesagt in deinem Herzen zulässt, rücken alle quälenden und belastenden Gedanken und Emotionen weit in den Hintergrund.

Du kannst den Affen des Mitgefühls geradezu magnetisch anziehen, indem du liebevolle Achtsamkeit übst. Dazu öffnest du dein Herz für alle Menschen, die dir begegnen. Auch wenn du einige von ihnen nicht magst, akzeptierst du, dass sie ebenso unter vielen Schwierigkeiten leiden wie jedes andere menschliche Wesen. Du bist dir der Verbundenheit zu anderen bewusst. Und du kannst deine Verbundenheit zum Ausdruck bringen, indem du beispielsweise mehr Zärtlichkeit durch deine Augen und mehr Freundlichkeit durch deine Worte strahlen lässt. Ob du nun mit Freunden, Bekannten, Fremden oder auch mit dir selbst Zeit verbringst: Geh sanft und mitfühlend mit dir und anderen um.

Sprach der Rabe: »Sei dankbar, achtsam, heiter und liebevoll, und die Affen des Glücks werden deine ständigen Begleiter sein und dein ganzes Leben verwandeln.«

Epilog

»Du kannst die Wellen nicht aufhalten, aber du kannst lernen, auf ihnen zu reiten« – dieses Zitat wird manchmal Jon Kabat-Zinn, manchmal auch Joseph Goldstein in den Mund gelegt; aber letztlich ist es ja völlig egal, wer sich diesen Spruch tatsächlich ausgedacht hat – viel wichtiger ist, dass er sehr treffend ist und wir uns immer wieder daran erinnern sollten, wenn die kleinen und großen Katastrophen des Alltags über uns hereinbrechen. Und natürlich lässt sich das Ganze auch gut umformulieren:

»Du kannst nicht verhindern, dass die Affen der Sorgen, der Unzufriedenheit, des Ärgers oder der Verwirrung durch deinen Kopf springen. Aber du kannst lernen, in Frieden mit ihnen zu leben.«

Wir hoffen, dass du durch unser Buch ein paar neue Einsichten über die Affen in deinem Kopf und somit letztlich auch über dich selbst gewonnen hast. Und natürlich hoffen wir auch, dass du neue Wege kennengelernt hast, dich von Stress, Unruhe, inneren Anspannungen, Gereiztheit oder Niedergeschlagenheit zu befreien. Aus eigener Erfahrung können wir nur immer wieder betonen, wie wichtig es ist, Gelassenheit, Gleichmut oder Achtsamkeit ganz praktisch umzusetzen und zu üben, denn leider: Lesen allein reicht (meistens) nicht.

Hinter der Welt, die von deinen Affen dominiert wird, gibt es eine noch viel größere, weitere Welt, wo innere Ruhe, Stille und Freude herrschen. In dieser Welt entdeckst du, wer du wirklich bist, und du erkennst den unendlich großen, weiten Raum deines eigenen Geistes. Das ganze Universum ist genau da, wo du jetzt, in diesem Augenblick, bist. Und falls du das noch nicht erfahren hast, dann wirst du es zweifellos noch am eigenen Leib erfahren, wenn du auf deinem Weg bleibst.

Was dir dabei helfen kann, ist:

- das Verständnis, dass du auch nur ein Mensch bist und unter den gleichen Problemen und belastenden Zuständen leidest wie jeder von uns, mal mehr und mal weniger,

- die Erkenntnis, dass die Affen in deinem Kopf Teile deiner Persönlichkeit sind. Sie meinen es nie böse und sie wollen dir etwas sagen. Höre ihnen gut zu. Gedanken sind nie »schlecht« – Gefühle sind nie »überflüssig«,

- liebevolle Achtsamkeit – die brauchst du nämlich, um Klarheit, zugleich aber auch einen gesunden Abstand zu gewinnen, damit du deinen Gefühlen und Gedanken nicht hilflos ausgeliefert bist. Du bist nicht deine Affen – du bist die Beobachterin, der Beobachter. Aber beobachte deine Affen nicht wie ein Forscher, der durch sein Mikroskop schaut, sondern wie die Affenforscherin Jane Goodall oder wie eine Mutter, die ihr kleines, tollpatschiges Kind auf dem Spielplatz beobachtet. Schüttele ruhig ungläubig den Kopf über das Theater in deinem Kopf – aber tue es mit einem Lächeln.

Wann immer du dich deinen inneren Affen zuwendest – bewahre dir dabei ein heiteres, warmes Herz.

Falls du Fragen oder Anregungen hast oder ein paar Gedanken loswerden möchtest, die dir beim Lesen durch den Kopf gegangen sind, dann schreib uns doch einfach über unsere Homepage unter: www.longschweppe.de.

Büchertipps

Weitere Bücher der Autoren

Die 7 Geheimnisse der Schildkröte. Den Alltag entschleunigen, das Leben entdecken (Heyne, München 2010)

Füttere den weißen Wolf. Weisheitsgeschichten, die glücklich machen (Kösel, München 2016)

Bao und das Geheimnis der Gelassenheit. Wie Sie achtsam und entspannt durchs Leben kommen (Heyne, München 2017)

Karma: Die Gebrauchsanleitung … damit das Schicksal macht, was SIE *wollen* (Heyne, München 2011)

Das Licht des Himmels in dir. Märchen und Meditationen über den Sinn des Lebens (Kösel, München 2018)

Die Bucht am Rande der Zeit. Roman (Kailash, München 2017)

Der Kaufmann und der Rinpoche. Roman (Diederichs, München 2020)

Auf unserer Homepage (www.longschweppe.de) findest du den Test, die Auswertungstabelle, die Auswertungsgrafik und weitere Infos zu unseren Büchern zum Herunterladen und Ausdrucken.

Bücher anderer Autoren

Bucay, Jorge: *Der Innere Kompass. Wege der Spiritualität* (Fischer, Frankfurt 2015)

Bush, Ashley Davis: *Das kleine Buch der Ruhe und Gelassenheit* (Heyne, München 2017)

Collard, Patrizia: *Das kleine Buch vom Meditieren* (Heyne, München 2018)

Fredrickson, Barbara: *Die Macht der guten Gefühle* (Campus, Frankfurt 201)

Goldstein, Joseph: *Vipassana-Meditation. Die Praxis der Freiheit* (Arbor, Freiburg 2006)

Kabat-Zinn, John: *Im Alltag Ruhe finden. Meditationen für ein gelassenes Leben* (Knaur, München 2015)

Kornfield, Jack: *Das weise Herz. Die universellen Prinzipien buddhistischer Psychologie* (Arkana, München 2008)

Kornfield, Jack: *Meditation für Anfänger + CD mit 6 geführten Meditationen* (Arkana, München 2007)

Ruiz, Don Miguel: *Die 4 Versprechen. Ein Weg zur Freiheit und Würde* (Allegria, Berlin 2012)

Tolle, Eckhart: *Jetzt! Die Kraft der Gegenwart* (Kamphausen, Bielefeld 2010)

Williams, Mark: *Das Achtsamkeitstraining* (Goldmann, München 2015)

Yongey Mingyur Rinpoche: *Buddha und die Wissenschaft vom Glück* (Goldmann, München 2007)

240 Seiten
14,99 € (D) | 15,50 € (A)
ISBN 978-3-86882-888-7

Fei Long, Gaby Brandl

Buddha statt Botox

Das Geheimnis innerer und äußerer Schönheit

Innere Schönheit ist ein wertvolles Gut – das wissen wir alle. Doch in diesem inspirierenden Buch erklären die Heilpraktikerin Fei Long und die Yoga-Lehrerin Gaby Brandl, wie innere Harmonie auch das äußere Erscheinungsbild positiv beeinflusst. Denn Gelassenheit, innerer Frieden, Güte und Selbstmitgefühl – allesamt buddhistische Tugenden – sorgen nicht nur für eine bessere Ausstrahlung, sondern wirken sich nachweislich verjüngend bis in die zellulare Ebene des Körpers aus.
Die Autorinnen zeigen auf, wie dieser spirituellen Weg zu gutem Aussehen für jeden möglich ist, und stellen eine Vielzahl konkreter Übungen und Anwendungen vor, mit denen sich das Immunsystem, die Zellen und die Haut verbessern, verjüngen und verschönern lassen.

Ein Must-have für alle, die lieber auf die Kraft der Buddha-Prinzipien setzen, anstatt sich unters Messer zu legen.

mvgverlag